한용운 '정선강의' 채근담(菜根譚)

한용운 '정선강의' 채근담(菜根譚)

초판 1쇄 인쇄 2016년 9월 12일
초판 1쇄 발행 2016년 9월 19일

지은이 한용운
편저자 이창성
펴낸이 이환호
펴낸곳 나무의꿈

등록번호 제 10-1812호
주 소 서울시 마포구 잔다리로 77 대창빌딩 402호
전 화 02)332-4037 팩 스 02)332-4031

ISBN 978-89-91168-51-0 03150

* 잘못 만들어진 책은 구입처나 본사에서 교환해 드립니다.

한용운의 '정선강의'

채근담 菜根譚

한용운(韓龍雲) 지음 / 이창성 편저

나무의 꿈

머리말

사람은 사물이 아닌데 사람이 사물에게서 부림을 받는 것은 사물의 병지(駢指 : 엄지발가락과 둘째발가락이 붙은 기형.)이지 사람이 아니다. 발가락이 붙어 있는 것을 보면 누구라도 그것이 병으로 생각하고 불쾌하게 생각하게 되는데, 그것이 병인 줄을 알고 불쾌하게 여기는 정신까지 합쳐서 사물의 병지 노릇을 하며 한탄하지 않는다면, 어떻게 이런 이치가 있을 수 있겠는가.

사물의 병지가 된 사람은 이미 스스로가 한탄할 만한 것을 알고, 또 역사상에 인격적으로 대접받지 못할 것으로 보면, 사람으로서 사물의 병지 노릇을 하는 사람은 대대로 종적이 끊어져야 마땅한데, 발가락이 되고자 할 뿐만 아니라 병지 노릇을 하는 것을 다른 사람에게 뒤질까 앞장서서 하는 사람들이 세상에는 왜 이렇게 많은가. 자신이 주재가 되어서 사물을 부릴 수 있는 사람은 이미 봉황의 깃털이나 기린의 뿔만큼 찾아보기 어려우니 이것 또한 불가사의한 일이다.

대체적으로 분수에 맞지 않는 권력을 얻으려고 다른 사람의 턱짓과 눈짓에 따라 허리를 수 없이 구부리면서도 부끄러워하지 않는 사람이 있으니 이것은 권력에 부림을 받아 병지가 되는 것이고, 또 부당한 이익을 얻어 보려고 한 번 찡그리고 한 번 웃는 표정을 보며 머리가 두 발에 닿도록 숙이면서도 스스로 태연한 사람이 있으니, 이것은 단지 부당한 이익을 얻기 위해서 병지가 되는 것이다.

사람이라면 누구에게나 욕망이 있지만 장차 그 욕망을 이기지 못하면 사람이 욕망의 부림을 받는 것이니, 병지는 이상하게 여길 것도 아니다. 따라서 세상에 셀 수 없이 많은 의관을 갖추고 웃으며 말하는 사람들은 엄연히 사람이지만, 그 정신은 이미 한 번이 아니고 여러 번 병지가 된 것이며, 그 정신은 마치 봄날 산에 떨어지는 꽃이나 급한 물살에 밀려온 돌과 같아서 헤아릴 수도 없고 막으려고 해도 막을 수 없는 것이니, 이것은 욕망에 구속을 받아서 스스로 사물에게 부림을 받게 되는 것이다. 간혹 이와 반대인 사람은 만물을 추구(芻狗 : 짚으로 만든 개.)로 삼고, 몸과 목숨을 연기나 구름처럼 여겨서 방랑을 일삼으며 미친 듯 멋대로 사는 것을 지극한 덕으로 삼아, 떠나면 돌아오지 않고 놓아버리면 거둬들이지 못하는 사람이 있으니, 이것은 호탕하다기보다 지나친 것이라 어떻게 사람의 도리를 안다고 하겠는가. 이와 같이 인간 세상에서 사물의 병지가 된 사람과 호탕한 것보다 지나친 사람을 제하고 나면 사람이 거의 없는 지경이 된다. '인간 세상이여, 인간 세상이여! 본래 이와 같은 것이다. 세상에 살고 있으면서 세상을 벗어나야 하고, 세상에서 벗어나서도 세상에 살고 있어야 한다.'고 성인이 이미 말씀하셨다.

번거롭고 속된 세상에 살더라도 흰 구름이나 흐르는 물처럼 멋이 있어야 하고, 소슬하고 적막한 곳에 있으면서도 널리 천하를 건질 뜻을 품으며, 곤궁하고 고생스럽더라도 솔개가 날고 물고기가 뛰는 대자연의 활기에 몸을 맡기고, 권력이 번성할 때도 깊은 못가에 가깝이 가듯 살얼음을 밟듯 조심해서 마음가는대로 하되 방탕하지 않으며, 수렴하더라도 집착하지 않고 세상을 살피며 마음이 상쾌하면, 가는 곳마다 자유로운 세계일 것이니 어느 때인들 마음대로 되지 않겠는가. 이와 같으려면 오직 정신을 수양해야 하니, 근세에 정신 수양을 부르짖는 사람이 잇달아 있는 것도 실로 깊은 뜻이 있는 것이다. 시험 삼아 묻고 싶은 것이 있다. 조선 정신계의 수양이 과연 어떠한지, 사물의 병지가 되는 것을 면할 수 있는지, 지나치게 호탕하지나 않은지, 가는 곳마다 어떤 세계가 있는지, 나날이 어떤 시절인지, 또 정신을 수양하는 방법은 어떠한지….

공산에 머리를 돌이키니 구름과 나무가 아득하다. 이에 채근담을 강의하노라.

눈에 하나의 티끌이 있으면 꽃들이 어지럽게 어른거린다. 조선 정신계 수양의 거울이 여기에 있다.

을묘년 6월 20일 강의자 한용운 씀

| 차례 |

| 범례 |

1. '채근담'의 원서는 명나라 홍응명(洪應明 : 자는 自誠, 호는 還初道人)의 저서로 하나의 청언(淸言)이니, 정신의 수양을 중심으로 해서 유교와 불교와 도교의 정수를 가려내서 모은 것이다.

2. 이 책의 제목 '채근담'에 대해서 후세 사람들의 이설이 있지만, 홍자성과 같은 시대의 사람 우공겸이 홍응명의 위탁을 받고 저술한 '採根談詞題'에서 '채근이라는 이름은 탐욕이 없이 가난하면서도 꾸준히 단련한 속에서 온 것이고 또 어렵고 고달픔 속에서 얻은 것으로, 그 험난하고 고생스런 삶을 살았음을 짐작할 수 있다.'고 한 데서 홍응명 자신이 글을 쓸 때의 처지에서 이 책의 제목이 나온 의미를 알 수 있다.

3. '채근담'의 원서는 후세 사람들이 자기들 뜻대로 간행해서 광본(廣本)과 약본(略本)의 두 가지가 있는데, 이 책의 원서는 청나라 건륭시대의 중내림(來琳)이 간행한 중국의 광본을 위주로 해서 일본에서 읽히는 약본을 종합하고 정선해서 편집했다.

4. 이 책의 강의는 주로 간편하고 쉬운 것을 위주로 해서 문체가 무미건조하므로, 독자들이 양해해주기를 바란다.

1. 수성(修省)

수성이라는 것은 자신의 심신에 대한 수양과 성찰을 말한다.
사람이 세상을 살면서 가장 고상하고 안전하게 생활하며
지극히 원만하고 영원한 행복을 꾀하는 것은 누구나 원하는 욕망이다.
그러나 우주 만물과의 복잡한 사이에 어울려 있으면서,
자신과 외부 사물과의 사이에 헤아릴 수 없는 관계가 생기는 까닭에,
서로 견제하고 막아서 그 욕망을 이루기가 매우 어려우니,
이처럼 어려운 길을 가려면 먼저 주동적인 표준이 되는
자신의 심신을 수양하고 성찰하여, 외부 사물과의 사이에
생기는 관계를 조화시키는 것이 그 올바른 길이다.
외부 사물이 자신에게 보응하는 것은 곧 자신이 외부 사물에 대한
작용을 반사하는 것이니, 따라서 자신의 심신을
수양하고 성찰하는 것은 모든 일의 근본이 되는 것이다.

1.

欲做精金美玉的人品，定從熱火中鍛來，
(욕주정금미옥적인품 정종열화중단래)
思立掀天揭地的事功，須向薄氷上履過.
(사립흔천게지적사공 수향박빙상이과)

[독해]

순금이나 아름다운 옥 같은 품성을 갖고자 하면, 뜨거운 불 속에서 단련하듯 해야 하고, 하늘과 땅을 들 만한 업적을 이루고자 생각하면, 살얼음 위를 걷듯 해야 한다.

[강의]

순금과 아름다운 옥은 뜨거운 불 속에서 충분히 단련되어 갈고 닦는 공을 들인 뒤에 한 점의 흠도 없는 좋고 아름다운 그릇이 되는 것이니, 인품을 이루는 것도 이와 같아서 금이나 옥처럼 단단하고 맑으며 순수하고 아름다운 품성을 이루려면 반드시 뜨거운 불처럼 어렵고 험난한 역경 속에서 그 정신을 단련하고 의지와 기상을 갈고 닦아, 약하고 부단한 감정에서 벗어나야 한다. 대대로 이어 내려오는 충렬과 절조는 칼날을 밟으며 뜨거운 피를 뿌리는 외롭고 고통스런 험난한 환경에서 나오고, 세상을 빛내는 영웅과 호걸은 지극히 어려운 고난을 겪으며 태어난다. 이와 반대로 고통스럽고 험난한 역경을 피해서 편하고 쉬운 것만 좋아하면 한갓 나약하고 비겁한 사람이 되기 쉬우니, 어떻게 정금미옥 같은 성품을 바랄 수가 있겠는가. 또 온 세상이 놀랄 만큼 큰 공을 세우려는 사람은 매사에 살얼음 위를 걸어가듯이 전전긍긍하며 근신해야 하니, 만일 일을 하는데 근신하지 못하고 가벼이 처신하게 되면, 하는 일에 실패하여 공을 이루지 못하게 된다.

2.

一念錯, 便覺百行皆非. 防之當如渡海浮囊, 勿容一針之罅漏,
(일념착 편각백행개비 방지당여도해부낭 물용일침지하루)

萬善全, 始得一生無愧. 修之當如凌雲寶樹, 須假衆木以撐持.
(만선전 시득일생무괴 수지당여능운보수 수가중목이탱지)

[독해]

생각 하나가 어긋나면 문득 백가지 행동이 잘못됨을 알게 되니, 이것을 막으려면 바다를 건너는 부낭처럼 바늘구멍만한 틈도 없어야 하고, 만 가지 선함이 온전해야 비로소 일생이 부끄럽지 않게 되니, 마음을 닦을 때는 구름을 뚫을 듯한 보배로운 나무가 다른 나무들에 의지해 서듯이 해야 한다.

[강의]

사람의 행위는 자신의 생각을 실행하는 것이다. 따라서 생각 하나가 잘못되면 백 가지 행위가 다 잘못되게 되니, 잘못된 생각을 막으려면 바다를 건널 때 쓰는 부낭에 바늘구멍만한 틈도 없어야 하는 것처럼 해야 한다. 부낭에 하나의 틈이라도 있으면 물이 스며들어 침몰하게 되니, 사람의 생각도 이와 같아서 생각 하나가 잘못되면 많은 잘못이 생겨나므로 생각을 엄밀하게 하여 조금이라도 거짓이 생겨나지 않게 해야 하고, 또 사람이 하는 많은 일 중에 하나라도 선하지 못하면 일생의 흠이 되어 자괴감을 느끼게 되므로, 온갖 선행을 바르게 해서 하나의 잘못도 없어야 일생에 조금도 부끄러운 일이 없을 것이다. 선을 닦되 구름을 뚫을 듯한 높은 나무가 다른 나무들에 의지해 서듯이 해야 하니, 구름을 뚫고 오르듯 높게 자란 나무가 다른 나무에 의지하여 꺾이지 않으면, 비바람이 아무리 몰아쳐도 쓰러질 염려는 없을 것이다. 선행을 닦는 것도 이처럼 근신하고 준비함에 만전을 기하면, 백 년을 살아도 부끄럽지 않을 것이다.

3.

忙處事爲, 常向閒中先檢點, 過擧自稀,
(망처사위 상향한중선검점 과거자희)
動時念想, 預從靜裡密操持, 非心自息.
(동시념상 예종정리밀조지 비심자식)

[독해]

한가할 때 급한 일들을 미리 점검하고 살피면 실수가 줄어들고, 행동하고자 할 때 미리 생각을 확고히 하면 잘못된 마음은 저절로 사라진다.

[강의]

바쁠 때에 해야 할 일을 한가할 때 미리 점검하고 살피면 그릇된 행동이 줄어들고, 행동할 때 떠오르는 생각을 맑고 평온함 속에서 미리 수양하고 굳게 가지면 그릇된 마음이 저절로 사라진다. 이와 반대로 해야 할 일을 한가할 때에 미리 점검하지 않고 있다가 갑자기 바빠 하게 되면 다급해서 뒤바뀌는 실수를 하게 되고, 평온할 때에 생각을 미리 확고하게 하지 못하고 갑자기 행동하게 되면 감정과 욕망이 어지럽게 일어 바르지 못한 마음이 생겨난다.

4.

爲善, 而欲自高勝人, 施恩, 而欲要名結好,
(위선 이욕자고승인 시은 이욕요명결호)

修業, 而欲驚世駭俗, 植節, 而欲票異見奇,
(수업 이욕경세해속 식절 이욕표이견기)

此皆是善念中戈矛, 理路上荊棘最易夾帶, 最難拔除者也,
(차개시선념중과모 이로상형극최역협대 최난발제자야)

須是滌盡渣滓, 斬絕萌芽, 纔見本來眞體.
(수시척진사재 참절맹아 재견본래진체)

[독해]

선을 베풀면서도 자신을 높여 다른 사람을 이기려 하고, 은혜를 베풀면서도 그것으로 명예를 구해 좋은 관계를 맺으려 하고, 자신을 닦되 그것으로 세상을 놀라게 하여 풍속을 해치려 하고, 절개를 지키면서도 그것을 다른 사람에게 과시하여 자신의 놀라움을 보이려고 하면, 이것들은 모두 착한 생각 속의 창칼이며 참된 도리를 향한 길 위의 가시라서, 몰래 가지고 있기는 쉽지만 스스로 뽑아 없애기는 매우 어려우니, 이 찌꺼기들을 모두 씻어 버리고 싹을 베어 없애야만 비로소 참된 본래의 모습이 보인다.

[강의]

선행은 아름다운 일이나 선행을 빙자하여 자신을 높여 다른 사람을 이기려 하면 이것은 자신의 위세와 명망을 나타내려는 욕심이니, 선행을 하고 은혜를 베푸는 것은 좋은 일이나 그 은혜를 이용해서 명예를 얻고 좋은 정의를 맺으려고 한다면, 그것은 은혜를 팔아 명예와 좋은 정의를 사는 영리적인 행위와 같다. 수행을 하는 것은 아름다운 일이나 세상을 살아가며 지킬 도리를 하지 않고 세상을 놀라게 하는 일을 하면, 이것은 삶의 도리를 다하는 것이 아니라 다른 사람에게서 특별한 칭찬받고 싶은 영예심이니, 절개와 의리를 내세우는 것은 아름다운 일이지만 특이함을 내세워 기괴함을 보여주려고 하면, 이것 또한 명성을 얻으려는 사사로운 감정에서 나온 것이다. 선행을 하는 것, 은혜를 베푸는 것, 수행하는 것, 절개를 세우는 것은 다 선량한 생각이고, 올바른 도리로 가는 길이나, 자신을 높이고 다른 사람을 이기는 것, 명예를 얻고 좋은 정의를 맺는 것, 세상을 놀라게 하는 것, 기이함을 과시하는 것은 모두 창칼처럼 선한 생각을 해치고, 가시처럼 도리의 길에 장애가 되는 것이다. 이런 장애는 가지고 있기에는 매우 쉽고 뽑아 없애기에는 아주 어려운 것이니, 그 찌꺼기를 다 씻어내고 싹을 잘라 없애야 비로소 순수한 선행과 도리의 참된 모습을 보게 될 것이다.

5.

能輕富貴, 不能輕一輕富貴之心,
(능경부귀 불능경일경부귀지심)

能重名義, 又復重一重名義之念,
(능중명의 우부중일중명의지념)

是事境之塵氛未掃, 而心境之芥帶未忘,
(시사경지진분미소 이심경지개대미망)

此處拔際不淨, 恐石去而草復生矣.
(차처발제부정 공석거이초부생의)

[독해]

부귀를 가볍게 생각할 줄 알아도 부귀를 가볍게 여기는 마음을 가벼이 여기지 못하고, 명예와 의리가 중요하다는 것을 알면서 명예와 의리를 중요시하는 마음까지 중요하게 생각한다면, 이것은 오염된 현재의 세상 기운을 털어버리지 못한 것이고, 또한 사소한 마음속의 장애를 털어버리지 못한 것이니, 이것들을 깨끗이 뽑아 버리지 못하면 마치 돌을 치웠으나 잡초가 다시 되살아날까 두려워하는 것이다

[강의]

사람들은 세상의 부귀를 뜬구름처럼 가볍게 여기지만, 부귀를 가볍게 여기는 마음은 스스로 중요하게 여기지 못하고, 명예와 의리를 소중하게 여기면서 그 명예와 의리를 소중히 여기는 마음을 자랑으로 안다. 그러면 이것은 현상 세계의 티끌을 버리지 못하고 마음속의 장애물을 잊지 못하는 것이니 무슨 까닭인가. 부귀를 가볍게 여기는 마음과 명예와 의리를 중요하게 여기는 생각을 항상 마음속에 가지고 자부심을 갖는 것은 세상의 헛된 이익을 물리치는 맑고 드높으며 밝고 드넓은 일이고, 명예와 의리를 소중하게 여기는 것은 속세

의 욕망을 벗어난 강직하고 큰 뜻이다. 그러나 부귀를 가벼이 하는 마음과 명예와 의리를 중요하게 여기는 생각을 항상 가슴 속에 가지고 자신을 중요하게 여기는 자부심을 간직한다면, 이것은 밝은 세상을 더럽히는 진분과 같고, 깨끗한 마음을 막는 티끌과 같으니, 이러한 진분과 티끌을 없애지 않으면 그 진분과 티끌이 점점 널리 퍼져서 마음의 경지를 막아 가려버리게 되며, 논밭을 깨끗하게 하려고 흙과 돌은 치웠지만 뿌리를 뽑지 않아서 풀이 다시 돋는 것과 같다. 사람은 마땅히 부귀를 가벼이 여기되 부귀를 가벼이 여기는 마음까지 가벼이 여겨야 하고, 명예와 의리를 중요하게 생각하되 명예와 의리를 중요하게 생각하는 마음은 중요하게 생각지 말아야 한다.

6.

紛擾固溺志之場, 而枯寂亦槁心之地,
(분우고익지지장 이고적역고심지지)
故學者當棲心元默, 以寧吾眞體, 亦當適志怡愉, 以養吾圓機.
(고학자당서심원묵 이녕오진체 역당적지염유 이양오원기)

[독해]

산만한 곳은 자신의 의지를 약하게 하는 곳이고 너무 조용한 곳 역시 마음을 메마르게 하는 곳이니, 고로 학자는 마음을 무거운 침묵 속에 두어서 자신의 참된 몸과 마음을 항상 편안하게 해야 하며, 또 안정되고 적절한 곳에 뜻을 두어 자신의 원기를 잘 키워야 한다.

[강의]

명리와 영화로 인하여 산만한 곳은 의지를 약하게는 곳이고, 너무 적막한 곳도 마음을 메마르게 하는 곳이니, 산만하고 적막한 것이 다 한 쪽으로 기우는 폐단이 있다. 따라서 학자는 마땅히 마음을 깊은 침묵에 두어서 자신의 적막한 본체를 안정시켜야 하며, 이것이 산만함으로부터 의지가 약해지는 폐단을 막는 길이다. 또 마음을 편안하고 즐거운 상태에 적당하게 맞추어 자신의 활발한 기운을 길러야 하니, 이것은 지나친 적막함으로 인해 마음이 메마르는 병을 막는 길이다.

7.

無事, 便思有閒雜念想否, 有事, 便思有추浮意氣否,
(무사 편사유한잡념상 유사 편사유추부의기부)
得意, 便思有騎矜辭色否, 失意, 便思有怨望情懷否.
(득의 편사유기긍사색부 실의 편사유원망정회부)
時時檢點, 至得從多入少, 從有入無處, 纔是學問的眞消息.
(시시검점 지득종다입소 종유입무처 재시학문적진소식)

[독해]

일이 없으면 곧 쓸데없는 생각이 있는지 없는지 생각하고, 일이 있으면 곧 경망스런 의기가 있는지 없는지 생각하며, 뜻대로 되면 교만한 언사나 기색이 있는지 없는지 생각하고, 뜻대로 되지 않으면 원망하는 감정을 품고 있는지 없는지 살펴서, 때때로 점검하여 많은 것은 적게 만들고 있는 것은 없게 하는 것이 학문의 참된 모습이다.

[강의]

사람이 하는 일 없이 한가할 때는 생각이 많고 제멋대로 하기 쉬우니 이럴 때는 냉정하게 반성하여 잡념이 있는지 없는지 성찰하고, 하는 일이 있을 때에는 너무 생각이 혼란스러워 자세히 보지 못하고 경망스런 의기로 허세를 부리기 쉬우니 이럴 때는 경망스런 의기가 있는지 없는지 성찰하며, 일이 잘되어 모든 일이 뜻대로 될 때에는 양양한 자부심으로 교만방자하기 쉬우니 이럴 때에는 물러서서 교만한 언사나 기색의 있는지 없는지를 성찰하고, 하는 일마다 뜻대로 되지 않고 자꾸 실패를 할 때에는 침울해지고 번민에 쌓여 하늘을 원망하고 다른 사람을 미워하는 마음이 생기기 쉬우니 이럴 때는 자신을 돌아보고 원망하는 마음이 있는지 없는지 성찰한다. 이와 같이 때때로 살피고 점검하여 쓸데없는 잡념과 자만심과 원망하는 마음이 있다면 즉시 바로잡아야 하며, 잘못이 많으면 줄이고 잘못이 있으면 없게 하여 순수하여 선하고 잘못이 없는 사람이 되도록 하는 것이 학문의 참된 모습이다.

8.

士人有百折不回之眞心, 纔有萬變不窮之妙用.

(사인유백절불회지진심　재유만변불궁지묘용)

[독해]

선비는 백 번 꺾여도 부러지지 않는 진실한 마음을 가지고 있어야 만 번을 변해도 끝나지 않는 오묘한 작용이 있다.

[강의]

백 번 꺾여도 부러지지 않는 참마음이란 외부 사물의 반동력이 지속적이고 강력하게 자신을 거듭 꺾고자 해서 발생하는 곤란을 참아내어 처음 정한 뜻을 끝까지 굽히지 않고 앞으로 나아가는 진실한 마음을 말한다. 만 번을 변해도 끝나지 않는 오묘한 작용이란 자신이 정한 어떤 목적을 위해서는 만 가지의 다양한 방법을 시도하되 포기하지 않는 오묘한 작용을 말하니, 선비가 세상에서 하는 일을 이루려면 백 번 꺾여도 부러지지 않는 참마음을 가져야 하며, 곤란과 예상치 못한 장애로 수없이 많은 벽에 부딪혀도 조금도 굽히지 않는 참마음이 있다면 영원하고 위대한 성과를 낼 수 있을 것이다. 영원하고 위대한 성과를 이루기 위해서는 길이 멀고 오랜 시간이 요구되며, 그 동안에 다양한 방법을 응용하지 않을 수 없으니, 따라서 백 번 꺾여도 부러지지 않는 참마음이 있어야 만 번을 변해도 끝나지 않는 오묘한 작용으로 나타날 것이다. 사람은 일정한 뜻이 없으면 일정한 목적도 없고, 단지 눈앞의 이해만을 좇아 경망스런 객기와 비루한 욕심만 생겨나서 아침저녁으로 변하기 쉬우니, 어찌 일정한 목적을 달성하기 위해 응용하는 만 번을 변해도 끝나지 않는 오묘한 작용이 있을 수 있겠는가.

9.

> 立業建功, 事事要從實地著脚, 若少慕聲聞, 便成僞果,
> (입업건공 사사요종실지저각 약소모성문 편성위과)
> 講道修德, 念念要從虛處立基, 若稍計功效, 便落塵情.
> (강도수덕 념념요종허처입기 약초계공효 편락진정)

[독해]

업적을 세워 공을 이루려면 일마다 실질적인 곳에서 시작해야 하고, 조금이라도 명성을 바라면 곧 거짓된 성과를 만들며, 도를 익히고 덕을 닦는 데는 생각마다 비어 있는 곳을 기초로 해야 하니, 만약에 조금이라도 좋은 성과를 바라게 되면 곧 속된 감정에 빠지고 만다.

[강의]

공과 업적을 세우려는 사람은 어떤 일이나 실제로 일하는 곳을 발판으로 해야 하니, 만일 실제적인 곳을 떠나서 조금이라도 명예와 명성과 듣기 좋은 허영을 좇으면 진실한 공과 업적을 이루지 못하고 거짓된 성과를 만들게 된다. 도와 덕을 익히고 닦는 사람은 생각마다 탐욕이 없이 비어 있는 곳에 근본을 세워야 하며, 만일 마음이 겸허하지 않고 공을 들인 효과만 계산하고 비교하면 도리어 도덕을 등지고 속세의 욕망으로 떨어지게 되니, 공과 업적을 꾀하는 사람은 먼저 명예를 바라는 마음을 버려야 하고, 도와 덕을 닦는 사람은 반드시 공들인 효과를 바라는 생각을 버려야 한다.

10.

一點不忍的念頭, 是生民生物之根芽,
(일점불인적염두 시생민생물지근아)

一段不爲的氣節, 是撑天撑地之柱石,
(일단불위적기절 시장천장지지주석)

故君子於一蟲一蟻, 不忍傷殘, 一縷一絲, 勿容貪冒,
(고군자어일충일의 불인상잔 일루일사 물용탐모)

便可爲民物立命, 天地立心矣.
(편가위민물입명 천지입심의)

[독해]

잔인하지 못한 하나의 생각이 곧 백성과 만물을 만드는 뿌리이며 싹이고, 올바른 하나의 기개와 절조가 곧 하늘과 땅을 지탱하는 기둥이고 주춧돌이다. 그러므로 군자는 한 마리의 벌레나 개미도 죽이지 못하고 한 오라기의 실도 탐하지 않아야 백성과 만물에 생명을 주고 하늘과 땅에 참된 마음을 이룰 수 있다.

[강의]

살상하는 것을 참지 못하는 하나의 생각은 곧 백성과 만물을 생성하는 뿌리나 싹과 같고, 도리에 어긋난 행위를 하지 않는 하나의 기개와 절조는 하늘과 땅을 지탱하는 기둥이나 주춧돌과 같다. 따라서 도와 덕을 닦는 군자는 한 마리의 벌레나 개미 같은 미물의 생명도 해치지 않고 실오라기 같은 작은 물건도 탐내지 않으니, 이것이 백성과 만물을 위해 생명을 보존하고 하늘과 땅 같은 참마음을 이루는 것이다. 왜냐하면 벌레나 개미 한 마리도 해치지 않는 것은 하찮은 일이나 측은히 여기는 마음이고 어진 마음에서 나온 싹이니, 이것을 길러서 큰 자비심으로 키우면 사람을 구제하고 만물을 이롭게 하는 자선이 된다. 실오라기 하나도 탐하지 않는 것은 극히 하찮은 악한 것을 멀리하는 마음이고 바른 도리에서 나온 것이고, 이것을 실천하여 정의를 이루게 되면 충분히 하늘과 땅을 받치는 기개와 절조를 세울 수 있을 것이니, 어찌 백성과 만물에 생명을 이루고 하늘과 땅에 어진 마음을 이루는 길이 아니겠는가.

11.

> 學者動靜殊操, 喧寂異趣, 還是鍛鍊未熟, 心神混淆故耳,
> (학자동정수조 훤적이취 환시단련미숙 심신혼효고이)
> 須是操存涵養, 定云止水中, 有鳶飛魚躍的景象,
> (수시조존함양 정운지수중 유연비어약적경상)
> 風狂雨驟處, 有波恬浪靜的風光, 纔見處一化齊之妙.
> (풍광우취처 유파염낭정적풍광 재현처일화제지묘)

[독해]

학자가 행동할 때와 가만있을 때에 절조가 다르고 시끄러운 곳과 고요한 곳에서의 취향이 다르면, 단련이 덜 되어 심신이 흐린 까닭이다. 절조를 보존하고 함양하여 구름과 물이 고요한 곳에는 솔개가 날고 물고기가 뛰는 듯한 태도를 간직하고, 비바람이 사나운 곳에서 물결이 잠잠해지는 운치를 간직하면, 어느 곳에 어떤 변화가 있든 한결같은 오묘함을 보게 된다.

[강의]

도를 배우는 사람이 움직일 때와 그렇지 않을 때에 따라서 지조가 바뀌고 시끄럽고 고요한 환경에 따라 취미가 바뀌어, 시끄러울 때 분망하고 고요할 때 암울하듯 외부 환경에 따라 태도가 변하면, 이것은 망령된 생각과 객기를 제대로 단련하지 못해 심신이 어수선하고 어지럽기 때문이다. 마땅히 절조를 보존하고 함양하여 구름과 물이 고요한 곳에는 솔개가 날고 물고기가 뛰는 듯한 태도를 간직하고 비바람이 사나운 곳에서 물결이 잠잠해지는 운치를 간직하면, 이것은 적막한 가운데서 소란한 이치를 깨닫고 소란한 가운데서 고요한 이치를 깨달아서, 움직일 때와 그렇지 않을 때에 따라서 몸가짐을 달리하거나 소란하고 고요함에 따라 취미가 달라지는 잘못이 없게 되니, 거처가 모두 같고 변화가 한결같은 오묘한 이치가 여기에 있다.

12.

心是一顆明珠, 以物欲障蔽之, 猶明珠而混泥沙, 其洗滌猶易,
(심시일과명주 이물욕장폐지 유명주이혼니사 기세척유역)

以情識槧貼之, 明珠而飾以銀黃, 其滌除最難,
(이정식츤첩지 명주이식이은황 기척제최난)

故學者, 不患垢病, 而患潔病之難治, 不畏事障, 而畏理障之難除.
(고학자 불환구병 이환결병지난치 불외사장 이외리장지난제)

[독해]

마음은 맑은 구슬이라 물욕으로 막아 가리는 것은, 맑은 구슬을 진흙과 모래에 섞는 것과 같아 씻어내기가 오히려 쉽지만, 감정과 지식으로 덮어버리면 맑은 구슬에 금은을 입히는 것과 같아 씻어내기가 매우 어려우므로, 배우는 사람은 더러운 병이 아니라 깨끗한 병을 고치기가 더 어렵다는 것을 걱정해야 하며, 일의 장애를 두려워할 것이 아니라 이해의 장애가 더 어려움을 두려워해야 한다.

[강의]

마음은 비어 있고 영혼처럼 밝아서 흠이 없는 하나의 맑은 구슬과 같으니, 마음을 물욕으로 막고 가려서 어둡고 어리석게 만드는 것은 맑은 구슬에 진흙과 모래에 섞는 것과 같아서 씻어내기가 오히려 쉽다. 물욕이 본심을 가려 잠시 어둡고 어리석었던 마음을 곧 깨달아 반성하고 수양하면 어둠에서 벗어나 명철해지고 어리석음을 고쳐서 지혜로워지니, 이것은 맑은 구슬에 묻은 모래를 씻어내는 것처럼 쉬우나, 감정과 지식에 들러붙은 오해와 불신이 생기면, 맑은 구슬에 금은을 입히는 것과 같아서 씻어내기가 매우 어렵다. 학자는 물욕에서 오는 더러운 병이 아니라, 감정에서 오는 깨끗한 병을 걱정해야 하며, 일의 장애를 두려워할 것이 아니고 이해의 장애가 더 어려움을 두려워해야 하니, 구차한 감정과 인식으로 깊고 넓은 진리를 곡해하여 참되고 근본적인 진리를 잃는 것이 학자의 큰 병이라고 경계하지 않을 수 없다.

13.

軀殼的我, 看得破, 則萬有皆空, 而其心常虛, 虛則義理來居,
(구각적아 간득파 즉만유개공 이기심상허 허즉의리래거)
性命的我, 認得眞, 則萬理皆備, 而其心常實, 實則物慾不入.
(성명적아 인득진 즉만리개비 이기심상실 실즉물욕불입)

[독해]

신체로서의 자신을 간파하면 곧 만물이 다 공허함을 깨닫게 되어 자신의 마음은 항상 비어 있게 되고, 마음이 비어 있으면 의리가 들어와 자리 잡는다. 자신을 타고난 성품으로 제대로 인식하면, 곧 모든 이치를 다 갖추고 그 마음이 항상 진실하니, 진실하면 물욕이 들어오지 못한다.

[강의]

사람은 태어나기 전을 생각해도 자신의 신체가 없고, 죽은 뒤를 생각해도 자신의 신체가 없으며, 살아 있는 현재를 생각하면 홍안이 백발로 변해 쇠약해지고 병들어서 건강을 유지하지 못해 자신의 신체가 일정하지 못하다. 육신으로서의 자신이 허망하여 진실하지 못함을 간파하면, 만물의 형체와 성질 또한 자신의 육신처럼 공허하여 구애받지 않을 것이다. 사람은 자신의 육체를 위하기 때문에 갖은 물욕이 생겨서 본심을 가리게 되니, 만일 신체로서의 자신을 간파하여 만물이 다 공허하다는 것을 알면 모든 물욕이 사라져 마음이 항상 비어 있고 밝을 것이다. 마음이 비어 있으면 공명정대한 의리가 그 안에 자리 잡으며, 또 신체로서의 자신은 어떻게 변해도 본성의 진리는 하늘과 땅보다 우선하여 그 시작이 없고 하늘과 땅보다 뒤쳐져서 그 끝을 찾을 수 없이 모든 이치를 다 갖추고 온갖 일에 응대하니, 이와 같이 타고난 성품으로서의 자신을 진실하게 알게 되면 모든 이치가 자연스레 다 갖춰져서 그 마음이 항상 진실하게 되고, 마음이 진실하게 되면 물욕이 뚫고 들어오지 못한다. 세상 사람이 타고난 성품으로서의 자신을 알지 못하고 신체로서의 자신만을 탐애하여 온갖 물욕에 얽매여서 본심을 흐리고 있으니 슬픈 일이다.

14.

我果爲洪爐大冶, 河患頑金鈍鐵之不可陶鎔,
(아과위홍로대야 하환완금둔철지불가도용)

我果爲巨海長江, 河患橫流汚瀆之不能容納.
(아과위거해장강 하환횡류오덕지불능용납)

[독해]

내가 커다란 화로나 대장간이라면 어찌 단단한 금이나 무딘 쇠를 녹이지 못할까 걱정하며, 내가 정말 큰 바다나 긴 강이라면 어찌 물이 멋대로 흐르고 더럽혀지는 것을 용납하지 못할까 걱정하겠는가.

[강의]

커다란 화로나 넓은 대장간은 단단한 금이나 무딘 쇠를 녹이고, 큰 바다와 긴 강은 멋대로 흐르는 물과 더러운 것도 받아들이니, 사람도 이와 같아서 성대한 위덕이 커다란 화로나 넓은 대장간 같다면, 단단한 금이나 무딘 쇠처럼 어리석고 악한 사람이라도 어찌 감화시키지 못하며, 도량이 크고 넓어서 큰 바다와 긴 강과 같다면, 물이 멋대로 흐르고 더럽혀지는 것처럼 교만하고 간사하며 비뚤어진 사람이라도 어찌 용납하지 못하겠는가. 세상이 마음대로 안 된다고 다른 사람을 원망하지 말고 자신을 반성해서 찾아야 한다.

15.

白日欺人, 難挑淸夜之傀赧,
(백일기인 난도청야지괴란)

紅顔失志, 空貽皓首之悲像.
(홍안실지 공이호수지비상)

[독해]

한낮에 사람을 속이면 청명한 밤에는 부끄러움에서 벗어나기 어려우며, 젊어서 뜻을 잃으면 늙어서는 슬픔만 남게 된다.

[강의]

한낮은 밖으로 항상 복잡한 세상일과 마주치고, 안으로는 많은 욕망이 일어나는 때이고, 청명한 밤은 사물이 모두 고요하고 욕망이 가라앉아서 마음이 안정되어 기운이 맑아지는 때이다. 한낮에 물욕에 이끌려서 사람을 속이면, 고요하고 청명한 밤에는 욕망에 흔들리지 않는 본심 때문에 스스로 생각하면 부끄러워서 얼굴이 붉어지며, 또 기력이 왕성하고 정신이 맑은 젊은 시절에 덕을 이루지 않고 배우지 않으면 머리털이 하얀 노인이 되는 말년에 쓸데없는 후회를 견디지 못해 참담한 슬픔을 낳게 되니, 사람은 청명한 밤에 얼굴이 붉어지지 않으려면 한낮에 남을 속이지 말아야 하고, 늙어서 슬퍼하지 않으려면 젊어서 큰 뜻을 잃지 말아야 한다.

16.

以積貨財之心, 積學問, 以求功名之念, 求道德,
(이적화재지심 적학문 이구공명지념 구도덕)

以愛妻子之心, 愛父母, 以保爵位之策, 保國家,
(이애처자지심 애부모 이보작위지책 보국가)

出此入彼, 念慮只差毫末, 而超凡入聖, 人品且判星淵矣,
(출차입피 염려지차호말 이초범입성 인품차판성연의)

人胡不猛然轉念哉.
(인호불맹연전념재)

[독해]

재물을 쌓는 마음으로 학문을 쌓고, 공명을 찾는 생각으로 도덕을 찾으며, 처자를 사랑하는 마음으로 부모를 사랑하고, 벼슬을 지키는 채찍으로 나라를 지켜야 한다. 이쪽으로 나와서 저쪽으로 들어간다는 생각은 다만 털끝만큼의 차이지만, 범인을 넘어서 성인이 되는 인품은 하늘과 땅처럼 다른 것인데, 사람들은 어찌 생각을 과감하게 돌리려고 노력하지 않는가.

[강의]

재물을 축적하는 것과 공명을 구하는 것, 처자를 사랑하는 것과 벼슬을 보존하는 것은 모두 세상의 사사로운 욕망이고, 학문을 쌓는 것과 도덕을 구하는 것, 부모를 사랑하는 것과 국가를 보존하는 것은 사람으로서 마땅히 지켜야할 도리이다. 그러나 세상 사람들 가운데 욕심이 강하여 마땅한 도리를 잊는 사람이 많다. 한 번 생각을 돌려서 재물을 축적하는 마음으로 학문을 쌓고, 공명을 얻으려는 생각으로 도덕을 추구하며, 처자를 사랑하는 마음으로 부모를 사랑하고, 벼슬자리를 보존하는 마음으로 국가를 보존해야 한다.

사사로운 욕심에서 벗어나 마땅한 도리를 하는 것은 보통사람의 경지를 넘어 성인의 경지에 들어가는 것이라서 그 마음의 차이는 아주 작지만, 보통사람의 경지를 넘어 성인의 경지에 들어가는 것이라 인품은 하늘과 땅만큼의 차이가 있는데, 어찌 조금만 생각을 돌이켜서 성인의 경지에 들어가려 하지 않겠는가.

17.

塞得物欲之路, 纔堪闢道義之門,
(색득물욕지로 재감벽도의지문)

弛得塵俗之肩, 方可挑聖賢之擔.
(이득진속지견 방가도성현지담)

[독해]

물욕의 길을 막아야 도의의 문을 열 수 있고, 속된 것들을 어깨에서 내려놓아야 성현의 짐을 멜 수 있다.

[강의]

사물에 대한 사사로운 욕심과 공적인 정의는 병행하지 못하는 것이고, 속세의 쓸데없는 일과 성현의 책임은 뒤섞일 수 없는 것이므로, 도의의 올바른 문을 열려면 먼저 사사로운 물욕의 길을 막고, 성현의 책임을 맡으려면 반드시 속세에 집착해서 허망하게 짐을 진 어깨를 풀어놓아야 한다.

18.

融得性精上偏私, 便是一大學問,
(융득성정상편사 편시일대학문)
消得家庭內嫌隙, 便是一大經綸.
(소득가정내혐극 편시일대경륜)

[독해]
성품과 감정이 편협하고 사사로운 것을 융화시키는 것도 하나의 큰 학문이고, 가정에서 불화를 없게 하는 것도 하나의 큰 경륜이다.

[강의]
성품과 감정이 편협하고 사사로운 것을 융화시켜 공평하게 하는 것은 요즈음의 말로 덕행이니, 사람이 지식을 기르고 몸과 마음을 튼튼히 하는 것을 잘 배워 익힌다고 해도, 덕을 이루지 못해 개인의 편협하고 사사로운 감정에만 의지하면 그것은 근본이 없는 지엽적인 학문이다. 따라서 덕을 기르는 것에 힘써 편협하고 사사로운 성품을 융화시키면 이것이 하나의 큰 학문이며, 또 나라를 다스리고 세상을 태평하게 하는 경륜도 집안을 다스리는 것에서 시작되는 것이니, 가족의 평화를 보전하여 집안의 불화를 없게 하면 이것이 하나의 큰 경륜이다.

19.

才智英敏者, 宜以學問攝其躁,
(재지영민자 의이학문섭기조)

氣節激昻者, 當以德性融其偏.
(기절격앙자 당이덕성융기편)

[독해]

재주와 지혜가 뛰어난 사람은 마땅히 학문으로 성급함을 다스리고, 기운과 절개가 지나치게 넘치는 사람은 마땅히 덕성으로 편협한 것을 융화시켜야 한다.

[강의]

재주와 지식이 뛰어난 사람은 이해와 판단력이 너무 지나쳐서 매사에 경솔하고 성급해지기 쉬우니, 학문을 두루 익혀서 그 경솔하고 성급함을 스스로 다스리고, 기운과 절개가 지나치게 넘치는 사람은 의협심과 기운이 지나쳐서 매사에 편협하고 조급해지기 쉬우므로 마땅히 덕성을 길러서 편협하고 조급한 것을 융화시켜야 한다.

20.

雲煙影裡現眞身, 始悟形骸爲桎梏,
(운연영리현진신 시오형해위질곡)

禽鳥聲中聞自性, 方知情識是戈矛.
(금조성중문자성 방지정식시과모)

[독해]

구름과 안개 속에서 참된 모습이 나타나면 비로소 형체에 질곡이 있음을 깨닫게 되고, 짐승과 새 울음소리 속에서 자성의 소리를 들으면 비로소 감정과 인식이 창과 칼임을 알게 된다.

[강의]

사람의 형체가 없는 참모습은 신체에 한정된 것이 아니고, 영겁의 시간에도 변하거나 없어지지 않고 공간에 가득차서 퍼져 있으니, 따라서 흰 구름과 푸른 안개의 그림자 속에서도 충분히 참모습을 볼 수 있다. 만약에 이러한 이치를 깨달아 구름과 안개의 그림자 속에 참모습이 드러나면 형체가 질곡 같다는 것을 깨닫게 되니, 형체로 인한 갖은 욕심과 고통을 낳아 끝없이 구속을 느끼는 것은 육체가 사람을 속박하는 것과 같다. 사람의 감정과 인식도 자성에서 나오는 것이니, 넓고 텅 비어 형체가 없는 자성의 본체는 구차한 감정과 인식에 한정된 것이 아니라, 모든 공간과 사물에 드러나서 한갓 새와 짐승의 소리에서도 자성의 소리를 들을 수 있다. 만일 이러한 이치를 알면 감정과 인식이 창칼 같다는 것을 알게 되니, 감정과 인식이 물욕과 헛된 감정에 왜곡되어 희로애락 등을 차별하는 마음이 서로 부딪쳐 갖가지 번뇌를 낳는 것은, 창칼이 서로 대적해서 사람을 해치는 것과 같기 때문이다. 이러한 어구는 아무리 명백한 해석을 한다고 해도 스스로 체득하지 못하면 그 뜻을 충분히 알지 못하니, 방관하지 말고 미묘한 이치와 뜻을 알면 수양의 참된 맛을 얻게 된다.

21.

人欲從初起處翦除, 便似新蒭遽斬, 其工夫極易,
(인욕종초기처전제 편사신추거참 기공부극이)

天理自乍明時充拓, 便如塵鏡復磨, 其光彩更新.
(천리자사명시충척 편여진경부마 기광채갱신)

[독해]

사람의 욕심이 처음 일어나는 곳에서 그 욕심을 잘라버리면 마치 어린 풀을 베는 것처럼 일이 매우 쉽고, 하늘의 이치가 밝혀질 때 하늘의 이치를 더욱 닦고 개발한다면, 더러운 거울을 다시 닦은 것처럼 빛이 새로워진다.

[강의]

사람의 욕심은 한 사람의 사사로운 욕망이고, 하늘의 이치는 사물의 공통된 이치이니, 사람의 욕심을 막고 하늘의 이치를 보존하는 일은 사람의 도리로 당연히 배워야 하는 것이다. 사람의 욕심과 하늘의 이치는 생각의 차이에서 생기는 것이니, 사람의 욕심이 처음 생기는 곳에서 생각을 바꾸어 잘라버리면, 새로 자란 풀을 없애는 것처럼 아주 쉽다. 아무리 고집스럽고 어리석은 사람이라도 본심에 있는 하늘의 이치를 스스로 깨닫는 때가 있으니, 깨달았을 때를 시작으로 더욱 닦고 개발한다면 더러운 때가 낀 거울을 닦는 것처럼 빛이 새로워진다.

22.

事理因人言而悟者, 有悟還有迷, 總不如自悟之了了,
(사리인인언이오자 유오환유미 총불여자오지요료)

意興從外境而得者, 有得還有失, 總不如自得之休休.
(의흥종외경이득자 유득환유실 총불여자득지휴휴)

[독해]

다른 사람의 말을 듣고 사리를 깨닫는 사람은 깨달아도 도리어 의혹이 있으니, 스스로 깨달아서 확실히 아는 것만 못하고, 의지와 흥미를 밖에서 얻는 사람은 얻어도 도리어 잃는 것이 있으니, 스스로 얻어서 편한 것만 못하다.

[강의]

사람이 사리를 깨닫는 데 다른 사람의 말에 의해서 깨닫는 것은 도리어 의심스러운 점이 많이 남아서 스스로 깨우쳐 확실하게 아는 것만 못하다. 다른 사람의 말에 의해서 깨닫는 사람은 설명을 들을 때는 그 자리에서 사리를 쉽게 깨달아도 그 사람이 없는 자리에서는 도리어 사리에 대해 혼란스럽지만, 스스로 배워서 사리를 깨치는 사람은 남의 설명이 있거나 없어도 항상 확실하게 알고 있다. 또한 의지와 흥미를 오직 밖에서 얻는 사람은 밖에서만 얻게 되고, 그렇지 못하면 의지와 흥미가 사라져서 평상심을 유지하기가 힘들며, 밖에서 얻지 못해도 스스로 의지와 흥미를 얻어 늘 마음이 편하고 여유로운 것만 못하다. 예를 들어 연회석에서 음주가무로 어울려 즐겁게 지내다가 연회가 끝나 술도 깨고 사람들도 돌아가서, 쓸쓸한 풍경이 빈창에 찾아들면 방금 있었던 의지와 흥미가 재처럼 식어서 도리어 쓸쓸한 기분이 되니, 이것은 외부 환경으로 인해 생겼다가 사라지는 의지와 흥미 탓이다. 이것이 어떻게 처량한 곳에서 평온하고 담박한 뜻을 지니며, 적막할 때 여유롭고 한가한 흥미를 일으켜 바깥세상에 구애받지 않고 스스로 얻는 의지와 흥미만 하겠는가.

2. 응수(應酬)

응수는 일체의 사물에 접촉하여 주고받는 것이다.
사람은 사회적 동물이라 고립된 생활을 할 수 없으므로,
복잡한 사회의 온갖 관계가 자신의 활동과 함께 생긴다.
이처럼 복잡한 사물에 접촉하여 주고받는 것을 알지 못하면,
어떻게 다사다망한 뜬구름 같은 세상을 안전하게 살아가겠는가.
사물과 사물 사이에서 상대적으로 생기는
행복과 고통의 얻고 잃음이 분분하여 일정하지 않으니
접촉하여 주고받는 도리를 익히지 않을 수 없다.

1.

繰存, 要有眞宰, 無眞宰, 則遇事便倒, 何以植頂天立地之砥柱,
(조존 요유진재 무진재 즉우사편도 하이식정천입지지지주)

應用, 要有圓機, 無圓機, 則觸物有碍, 何以成旋乾轉坤之經綸.
(응용 요유원기 무원기 즉촉물유애 하이성선건전곤지경륜)

[독해]

지조를 지키려면 참된 주재가 있어야 하고, 참된 주재가 없으면 일마다 잘못
되기 쉬우니, 어떻게 하늘을 떠받고 땅을 내딛는 지주가 되겠는가. 모든 일을
잘 활용하려면 원기가 있어야 하고, 원기가 없으면 하려는 일마다 장애를 만날
것이니, 어떻게 하늘과 땅을 운행하고 운전할 경륜을 이룰 수 있는가.

[강의]

지주는 천지를 지탱하는 산을 말한다. 옛날에 부주산이 천지를 지탱하고
있었는데, 공공씨와 대정씨가 싸우다가 공공씨가 머리로 부주산을 들이받아서
산이 무너지고 하늘이 기울어졌는데, 여와씨가 오색의 돌을 갈아 허물어진
곳을 고쳤다는 말이 있어서 이것을 지주라고 했다. 사람이 지조를 지키고 수양
하려면 참된 마음의 주재가 있어야 하는데, 참된 마음의 주재가 없으면 일정한
입지가 없으며, 어지럽고 산만해서 어떤 일에 처하면 그 일에 얽매여서 거꾸러
지니, 어떻게 천지를 지탱하는 지주처럼 꺾이지 않고 흔들리지 않는 지조를
심어 세울 수가 있으며, 세상사에 대응하려면 원활한 기운이 있어야 하는데,
그렇지 못하여 편협한 사람이 되면 어떤 일이든 가로막히게 되니, 어떻게 천지
를 굴러가게 하는 큰 경륜을 이룰 수 있겠는가. 사람은 마땅히 태산처럼 확고한
참된 주재로 어떠한 곤란과 유혹을 만나도 동요하지 말고 세상사에 대응하려
면 원기를 재빠르고 매끄럽게 하여 어떠한 어려움을 만나도 막힘없이 헤쳐
나가야 한다.

2.

士君子之涉世, 於人不可輕爲喜怒,
(사군자지섭세 어인불가경위희노)

喜怒輕, 則心腹肝膽, 皆爲人所窺,
(희노경 즉심복간담 개위인소규)

於物不可重爲愛憎, 愛憎重, 則意氣精神, 悉爲物所制.
(어물불가중위애증 애증중 즉의기정신 실위물소제)

[독해]

사군자는 세상을 살면서 다른 사람에게 기쁨과 화를 함부로 보이지 말아야 하니, 기쁨과 화를 함부로 보이면 다른 사람이 곧 속을 모두 알게 된다. 외부 사물에 대해서는 지나친 사랑과 증오를 품지 말아야 하니, 사랑과 증오가 지나치면 의기와 정신이 사물의 지배를 받게 된다.

[강의]

사군자는 세상을 살면서 다른 사람에게 기쁨과 화를 함부로 보이면 안 되니, 조금 즐거운 일이 있다고 기쁜 빛을 띠고, 조금 불쾌한 일이 있다고 노여움을 나타내면, 다른 사람들이 밖으로 나타나는 기색으로 알아채서 그 속마음을 알게 된다. 또 외부 사물에 대해서 지나친 애증을 갖지 말아야 하니, 만일 애증에 편중하여 애정에 집착하거나 증오가 넘치면 감정이 자유롭지 못하여 의기와 정신이 외부 사물에 재제를 받게 된다.

3.

心體澄徹, 常在明鏡止水之中, 則天下自無可厭之事,
(심체징철 상재명경지수지중 즉천하자무가염지사)
意氣和平, 常在麗日光風之內, 則天下自無可惡之人.
(의기화평 상재려일광풍지내 즉천하자무가오지인)

[독해]

마음이 맑아서 항상 명경지수 같으면 세상에 혐오할 일이 저절로 사라지고, 의지와 기운이 화평하여 항상 좋은 날씨 같으면 세상에 미워할 사람은 저절로 없어진다.

[강의]

티끌 하나 없는 맑은 거울과 물결 하나 없는 잔잔한 물은 사물이 짧고 길든 추하고 아름답든 있는 그대로의 모습을 비추니, 사람의 마음도 맑고 투명해서 명경지수처럼 모든 진리를 밝고 환하게 비추면 세상에 싫어할 일은 없을 것이다. 또 맑고 따뜻한 날씨는 난초든 가시나무든 가리지 않고 모든 식물들의 성장을 도와준다. 이와 같이 사람의 의지와 기운도 조화롭고 평등하여, 착하고 악하며 옳고 그른 그 모든 것을 포용하고 너그럽게 받아들이면 세상에 미워할 사람은 없을 것이니, 사람은 항상 마음을 맑고 투명하게 하고 의지와 기운을 평화롭게 하여 외부 사물에 치우치고 집착하는 마음을 버려야 한다.

4.

當是非邪正之交, 不可少遷就, 少遷就則失從違之正,
(당시비사정지교 불가소천취 소천취즉실종종위지정)

値利害得失之會, 不可太分明, 太分明則起趨避之私.
(치이해득실지회 불가태분명 태분명즉기추피지사)

[독해]

옳고 그릇됨이 나눠지는 곳에서는 조금이라도 억지가 있어서는 안 되고, 조금이라도 억지를 부리면 어떤 것을 따르고 어겨야 할지 모르게 되므로, 너무 분명하게 하지 않아야 하니 너무 분명하면 어떤 것을 따르고 어겨야 할지 모르는 사사로운 욕심이 일어난다.

[강의]

의리에 대해 옳고 그릇됨이 나눠지는 곳에서는 억지를 부리지 말고 속히 결정해서 그릇됨과 나쁜 것을 버리고 옳고 바른 것을 택해야 하니, 만약에 억지를 부리고 결정하지 못하면 그릇됨과 나쁜 것을 버리고 옳고 바른 것을 택하는 바른 도리를 잃게 된다. 또 사욕에 대한 이해와 득실이 만나는 경우에 너무 계산에 밝아서 이득만을 취하고 손실을 버리지 말아야 하니, 사욕에 따르는 이득은 간혹 의리에 해를 끼치게 된다. 만약에 의리를 생각하지 않고 이해와 득실만 따지면 사욕을 따르고 정의를 버리는 마음이 생기니, 따라서 사욕에 따르는 이해와 득실은 따지지 말고 의리에 따르는 옳고 그릇됨을 가려야 한다.

5.

蒼蠅附驥, 捷則捷矣, 難辭處後之羞,
(창승부기 첩즉첩의 난사처후지수)

蔦蘿依松, 高則高矣, 未免仰攀之恥,
(조라의송 고즉고의 미면앙반지치)

所以君子, 寧以風霜自挾, 毋爲魚鳥親人.
(소이군자 영이풍상자협 무위어조친인)

[독해]

쉬파리가 천리마에 붙어 달리면 빠르지만, 엉덩이에 붙어 달린다는 수치를 벗어나기 어렵고, 담쟁이가 소나무를 의지하면 높이 오를 수 있지만, 소나무에 의지하여 기어오른다는 수치를 벗기 어렵다. 그래서 군자는 힘든 풍상을 겪더라도 새나 물고기가 사람에 달라붙듯 하지 않는다.

[강의]

쉬파리가 천리마의 꼬리에 붙어 하루에 천리를 가면 그 속도가 매우 빠르지만, 그것은 자신의 힘이 아니고 힘을 빌려 가는 것이라 말의 꼬리에 붙어간다는 수치를 면하기 어렵고, 덩굴이 키 큰 소나무에 의지해서 높이 올라가면 비록 높기는 하나, 그것은 스스로 서는 것이 아니고 의지하는 것이라 소나무에 의지한다는 수치를 면하지 못한다. 사람도 마찬가지로 속이 좁은 졸장부와 아첨하는 소인배들은 자유를 온몸으로 희생해서 노비 같은 표정과 행동으로 한때의 세력가들에게 아부하며 그릇된 영리를 얻으려고 하면, 가령 한때의 욕망을 달성하더라도 남의 꼬리에 붙고 의지해 오르는 수치를 없애지 못할 것이다. 따라서 군자는 차라리 찬바람과 된서리 같은 가난과 곤란을 견디고 송백 같은 의기와 절개를 지킬지언정, 어린 물고기나 새가 사람에게 붙어 동정을 얻는 것처럼 권세와 부귀에 아부해서 일시적인 은총을 꾀하지 않는다.

6.

好醜心太明, 則物不契, 賢愚心太明, 則人不親.
(호추심태명 즉물불계 현우심태명 즉인불친)

士君子洙是內精明而外渾厚, 使好醜兩得其平,
(사군자수시내정명이외혼후 사호추양득기평)

賢愚共受其益, 纔是生成的德量.
(현우공수기익 재시생성적덕량)

[독해]

좋고 미운 마음이 너무 분명하면 사물과의 관계가 멀어지고, 현명하고 어리석은 마음이 너무 분명하면 사람들과 오래 친할 수 없으니, 사군자는 안으로는 엄정하고 분명해야 하지만, 밖으로는 너그러워야 한다. 그러면 좋고 미운 것이 균형을 이루고 현명하고 어리석은 것이 모두 이익을 얻게 되면, 그것이 생성하는 덕량이다.

[강의]

좋은 것을 사랑하고 추한 것을 미워하는 마음이 너무 분명하면, 사물을 분간하고 선택하는 것이 심해서 온갖 사물이 어울리기가 쉽지 않으며, 현명한 사람을 좋아하고 어리석은 사람을 미워하는 마음이 너무 분명하면 사람에 대한 구별이 심해져서 많은 사람과 어울리지 못하니, 사군자는 마땅히 안으로는 자신에게 엄정하고 분명하게 해서 좋고 미운 것과 현명하고 어리석은 것을 명확히 분간하여 밖으로는 너그럽고 평등하게 대우해야 한다. 그렇게 해야 추함과 아름다운 것이 균형을 이루고 현명하고 어리석은 사람이 다 같이 이익을 누릴 수 있으면, 이것이 만물을 생성하게 하는 덕량이다.

7.

士君子, 濟人利物, 宜居其實, 不宜居其名, 居其名, 卽德損,
(사군자 제인이물 의거기실 불의거기명 거기명 즉덕손)
任大夫, 憂國爲民, 當有其心, 不當有其語, 有其語, 其毁來.
(임대부 우국위민 당유기심 부당유기어 유기어 기훼래)

[독해]

사군자가 사람을 구제하고 사물을 이롭게 하려면 내실을 다지는 데 힘써야
하며 결코 명성을 욕심내면 안 되니, 명성을 욕심내면 가진 덕이 손상된다.
사대부가 나라를 걱정하고 백성을 위하려면 마땅히 그런 마음을 가져야 하고
말만 하면 안 되니, 말만 하면 비난을 받게 된다.

[강의]

사군자는 사람을 구제하거나 사물을 이롭게 하려면 마땅히 그 일을 하면
되고 명예를 요구하지 말아야 하니, 명예를 얻으려 하면 겸양의 덕이 손상된
다. 사대부가 나라를 걱정하고 백성을 위할 때는 마땅히 마음을 다하고 말을
하지 말아야 하니, 만약에 말로 '내가 나라를 염려하는 충신이고 백성을 위하는
지사'라고 자찬하면 빈말만 한다는 비난을 받게 된다.

8.

使人有面前之譽, 不若使其無背後之毀,
(사인유면전지예 불약사기무배후지훼)

使人有乍交之歡, 不若使其無久處之厭.
(사인유사교지환 불약사기무구처지염)

[독해]

다른 사람들이 내 앞에서 나를 칭찬하는 것은 뒤에서 흉보지 않는 것만 못하고, 사람을 잠깐 사귀면서 환심을 얻는 것은 오래 사귀면서 싫어하지 않는 것만 못하다.

[강의]

다른 사람을 대할 때 가식적이고 위선적인 행동을 하거나 일시적인 은위를 보이면 그 사람도 나를 면전에서 칭찬할 것이지만, 그런 가식적인 위선과 일시적인 은위는 변치 않는 성의와 신뢰가 아니므로 결국은 뒤에서 흉보게 되니, 일시적이고 가식적인 행동으로 면전에서 칭찬을 받는 것은 변치 않는 성의와 신뢰로 뒤에서 흉보지 못하게 하는 것만 못하다. 벗을 사귀되 처음부터 가식적인 방법으로 번지르르하면 잠시 동안은 환심을 얻지만, 이런 행동은 진심이 아니라서 오래 가면 반드시 거리끼는 마음이 생기게 되니, 가식적으로 사귀어 환심을 얻는 것은 존경과 사랑으로 행동하며 오래 사귀면서 싫어하지 않는 것만 못하다.

9.

善啓迪人心者, 當因其所明而漸通之, 毋强開其所閉,
(선계적인심자 당인기소명이점통지 무강개기소폐)
善移易風化者, 當因其所易而漸反之, 毋輕矯其所難.
(선이역풍화자 당인기소이이점반지 무경교기소난)

[독해]

사람의 마음을 계도하는 것은 마땅히 잘 아는 데서부터 점차적으로 통하도록 해야지 막힌 곳을 억지로 열려고 하면 안 되며, 풍습을 좋게 바꾸는 것은 마땅히 그 쉬운 것부터 차츰 바꿔야지 가볍게 그 어려운 것을 바로 잡으려고 하면 안 된다.

[강의]

어리석은 사람의 마음을 계도하여 현명하게 하는 것은 마땅히 그 사람이 가진 장점을 바탕으로 차차 열리게 해야지 막힌 지혜를 억지로 열려고 하면 안 된다. 아무리 어리석은 사람도 그 마음에 현명함이 전혀 없는 것은 아니니, 먼저 그 마음의 현명한 것으로 인하여 점차적으로 가르쳐 이끌면 깨치는 결과가 용이하지만, 만일 그 굳게 닫힌 마음을 억지로 깨치려고 하면 오히려 그 효과를 달성하기 어려울 것이니, 예를 들어 아이에게 그 나이에 맞는 교육을 하지 않고 먼저 철학이나 화학 같은 어려운 공부를 가르쳐서 효과가 없는 것과 같다. 또한 오랜 관습을 깨뜨려 새로운 법을 만들어서 일반의 풍습을 바꾸려면 마땅히 작고 쉬운 것부터 고치면서 점차 어려운 일에 미치게 할 것이고, 고치기 어려운 일을 경솔하게 바로잡으려 하면 안 된다. 근세에 새로 복속된 백성을 동화하려는 정치가가 그 나라의 고유한 관습을 중요하게 여기는 것이 이것이다.

10.

己之情欲不可縱, 當用逆之之法, 以制之, 其道只在一忍字,
(기지정욕불가종 당용역지지법 이제지 기도지재일인자)

人之情欲不可拂, 當用順之之法, 以調之, 其道只在一恕字,
(인지정욕불가불 당용순지지법 이조지 기도지재일서자)

今人皆恕以適己, 而忍以制人毋乃不可乎.
(금인개서이적기 이인이제인무내불가호)

[독해]

자신의 욕망을 제멋대로 두면 안 된다. 반드시 억제하는 방법으로 억눌러야 하니, 그 길은 오직 '참을 인(忍)' 한 글자에 있으며, 또한 다른 사람의 욕망이라고 함부로 하면 안 되고 반드시 순리대로 해야 하니, 그 길은 오직 '용서할 서(恕)' 한 글자에 있다. 요즈음 사람들은 다 자신을 용서하여 만족시키고, 다른 사람의 욕망은 참아서 억제하려고 하니, 이것을 어찌 옳다고 하는가.

[강의]

자신의 욕망을 제멋대로 두면 안 된다. 반드시 억제하는 방법으로 억눌러야 하니, 그 억누르는 길은 '忍' 한 글자에 있다. 따라서 개인의 욕망을 제멋대로 두면 도리를 배반하고 음란하게 되니, 인내해서 자신의 욕망을 억제하고 도리에 따라야 한다. 다른 사람의 욕망은 어쩔 수 없는 것이라 순리에 따라 조화롭게 해야 하니, 그 길은 '恕' 한 글자에 있다. 뭇사람의 욕망을 거스르면 덕을 잃어 원한을 맺게 되니 너그럽게 용서하여 덕을 길러야 한다. 요즘 사람들은 이와 반대로 용서로 자신의 욕망을 따르고 인내로 다른 사람의 욕망을 억제하니 어찌 옳다고 하겠는가.

11.

> 好察非明, 能察能不察之謂明,
> (호찰비명 능찰능불찰지위명)
> 必勝非勇, 能勝能不勝之謂勇.
> (필승비용 능승능불승지위용)

[독해]

따지기를 좋아하는 것은 결코 현명한 것이 아니며, 따지는 것도 따지지 않는 것도 현명한 것이다. 반드시 이기는 것만이 용기가 아니며, 이기는 것도 질 줄 아는 것도 용기라고 말할 수 있다.

[강의]

지혜롭다는 것은 사물의 당연함과 부당함을 아는 것이라, 만일 당연함과 부당함을 분간하지 못하고 어떤 일에 대해서 시비를 가리려고만 하는 것은 현명한 것이 아니니, 당연한 것을 따지고 부당한 일을 따지지 않는 것이 현명한 것이다. 또 큰 용기는 설욕하기 위해 적을 이기기도 하고, 모욕을 참으려고 자신을 이기기도 하는 것이니, 만약에 설욕과 인내를 조절하지 못하고 순간의 객기로 인하여 반드시 상대를 이기려고 하면 이것은 큰 용기가 아니니, 설욕하기 위해 상대를 이기기도 하고, 상대를 이기지 못해서 모욕을 참을 줄도 아는 것이 큰 용기이다. 잘라 말하면 따지고 따지지 않는 것을 마음대로 하는 것을 현명하다 하고, 이기고 이기지 못하는 것을 마음대로 하는 것을 용기라고 한다.

12.

隨時之內善球時, 若和風之消酷署,
(수시지내선구시 약화풍지소혹서)

混俗之中能脫俗, 似淡月之映經雲.
(혼속지중능탈속 사담월지영경운)

[독해]

시대의 흐름을 따라 시대를 잘 구제하는 것은 부드러운 바람이 불어와서 무더위가 물러나는 것과 같고, 속세에 살면서 속세를 벗어나는 것은 흐린 달빛이 가벼운 구름을 밝게 비추는 것과 같다.

[강의]

시대를 구제하는 것은 혼란한 형편을 바로잡아 돌려서 백성과 만물을 구제하는 것이니, 형편을 바로잡아 돌리려는 사람은 때때로 당시 형편의 반대편에 서서 대립되는 행동을 하다가 뜻대로 되지 않으면 극단적인 실패를 불러오기 쉽다. 예를 들면 의뢰적인 사회를 바로잡으려는 사람은 의뢰적인 시대의 반대편에서 의뢰적인 사상을 통렬히 비판하고 독립정신을 불러일으켜야 한다. 그러나 그것은 단순히 한 사람의 힘으로 전체 사회와 맞서는 것이니, 도도하게 넘치는 물결을 돛단배 하나로 거슬러 올라가는 것과 같아서 감당하기가 어려우므로 간혹 격렬한 분노를 참지 못하고 갖은 압박을 받거나 자결하는 등의 참극을 만들어 마음먹은 모든 일이 수포로 돌아가기도 하는데, 그 결렬한 고뇌와 의지는 감탄할 만하나 이것은 실로 짧은 생각에서 나온 개인적인 결단에 지나지 않아 시대를 구하는 큰 공을 이루지 못하니, 잠시 불평을 참고 형편에 따라서 잘 활용하여 바로잡으면 부드러운 바람이 폭염을 밀어내는 것처럼 급박한 폐단이 사라져 느끼지 못하는 중에 그 공을 이루게 될 것이다. 또 속세를 벗어나려는 사람이 속세에서 멀리 떨어져서 혼자 있으려고만 하면 도리어 그 고결함에 치우쳐서 호기적인 세태에 빠지기 쉬우므로, 속세에 섞여 있으면서도 속세에 물들지 않아야, 흐린 달빛이 가벼운 구름을 비추는 것처럼 안에 감춰두었던 현란한 빛을 내지 않고도 순수하고 아름다운 탈속 도인이 될 수 있다.

13.

思入世而有爲者, 須先領得世外風光, 否則無以脫垢濁之塵緣,
(사입세이유위자 수선영득세외풍광 부즉무이탈구탁지진연)

思出世而無染者, 須先諳盡世中滋味, 否則無以持空寂之苦趣.
(사출세이무염자 수선암진세중자미 부즉무이지공적지고취)

[독해]

세상에서 일하려는 사람은 우선 세상 밖의 흐름을 잘 알아야 하니, 그렇지 않으면 혼탁한 속세의 인연을 벗어날 수 없고, 세상 밖으로 나가서 속세에 물들지 않으려는 사람은 우선 속세의 단맛을 알아야 하니, 그렇지 않으면 공적 속의 쓴맛을 참지 못한다.

[강의]

세상에서 뜻이 있는 일을 하려는 사람은 명예와 이익과 쾌락과 욕망에 빠지기 쉬우니, 먼저 담백하고 공적한 세상 밖의 주된 흐름을 알아서 혼잡한 세상에 얽매이지 않아야 한다. 만일 세상 밖의 주된 흐름을 알지 못하면 속세의 갖가지 인연에서 벗어나지 못하고, 또 속세에 물들지 않으려는 사람은 그렇게 만드는 단맛을 알고 나서 그렇지 않다는 것을 깨달은 후에 공적한 세상 밖에서 각종의 집착을 버릴 수 있으니, 만일 속세의 단맛을 알지 못하면 세상 밖에서 느끼는 공적한 쓴 맛을 견디지 못한다. 공적한 쓴 맛이란 공적한 취미를 확실하게 알지 못하면 그것이 도리어 괴로움이 된다는 것이니, 너무 바쁘게 살아온 사람은 동떨어져 안정된 곳을 좋아하겠지만, 그렇지 못한 사람이 동떨어져 안정된 곳에 가면 도리어 무료하고 답답해서 쓴맛을 느끼게 되므로, 속세의 단맛을 알지 못하고 공적한 곳에 처하면 도리어 쓴맛을 느껴서 견디지 못한다.

14.

與人者, 與其易소於終, 不若難親於始,
(여인자 여기이소어종 불약난친어시)

御事者, 與其巧持於後, 不若拙守於前.
(어사자 여기교지어후 불약졸수어전)

[독해]

사람을 사귀는데 있어서 나중에 쉽게 멀어지는 것보다 처음에 친하기
쉽지 않은 것이 낫고, 일을 하는데 있어서 나중에 힘들게 지키는 것보다
조금 서툴어도 처음에 조심하는 것이 낫다.

[강의]

다른 사람과 사귀다가 끝에 가서 멀어지기 쉬운 것은 처음에 친구의
도리를 가리지 않고 갑자기 사귀는 까닭에 오래 가지 못하고 멀어지기
쉬운 것이고, 처음에 친하기 어려운 것은 벗의 지혜와 덕을 가려서 가볍
게 친하지 않기 때문이니, 이처럼 친구의 도리를 가려서 사귀는 사람은
처음에는 친하기 어려우나 한 번 친해지면 나중에 쉽게 멀어지지 않는
다. 그러므로 사람을 사귀는 도리는 끝에 가서 쉽게 멀어지는 것이 처음
에 친해지기 어려운 것만 못한 것이다. 또 일을 처리하는 사람이 일이
이미 진행된 후에 구차스런 기교를 다하려는 것은 경솔하게 시작했기 때
문이다. 사람이 일에 대한 깊이 알지 못하고 내다보지 못해서 사리판단
을 확실하지 못하여 사후의 대비를 하지 않고 경솔하게 진행하다가 실패
하게 되면 구차하게 미봉하고 기교를 다해 유지하게 되니, 이것은 처음
부터 서툴더라도 보수적으로 잘 지켜서 상당한 동기를 기다리는 것보다
못하다.

15.

功名富貴, 直從滅處, 觀究竟, 則貪戀自輕,
(공명부귀 직종멸처 관구경 즉탐련자경)

橫逆困窮, 直從起處, 究由來, 則怨尤自息.
(횡역곤궁 직종기처 구유래 즉원우자식)

[독해]

명예와 부귀가 사라지는 곳을 곧장 따라가서 끝까지 추구해 보면 탐욕이 저절로 가벼워지고, 재난과 빈곤이 생기는 곳을 곧장 따라가서 그 유래를 보면, 원망하는 마음이 저절로 사라진다.

[강의]

대단한 명예와 부귀라도 사람이 죽거나 일의 형편이 변하면 없어지니, 어떠한 명예와 부귀라도 그 사라지는 곳을 따라가서 끝까지 추구해 보면 얻으면 잃는다는 무상함을 깨닫고 탐욕의 정이 절로 가벼워지고, 또한 뜻밖의 재난이나 빈곤에 처하는 것도 그 생기는 곳을 따라가 유래된 원인을 캐보면 모두가 자신 탓이며 다른 잘못이 아니라는 것을 알게 된다. 이것을 깨닫고 나면 하늘을 원망하고 다른 사람을 멀리하는 마음도 사라지기 마련이며 마음도 저절로 가벼워지니, 명예와 부귀를 부러워 말고 재난과 빈곤을 원망하는 마음을 가지면 안 된다.

16.

宇宙內事, 要力擔當, 又要善擺脫,
(우주내사 요력담당 우요선파탈)

不擔當, 則無經世之事業, 不擺脫, 則無出世之襟期.
(불담당 즉무경세지사업 불파탈 즉무출세지금기)

[독해]

세상의 모든 일을 힘껏 감당하기도 해야 하고 또 기꺼이 벗어나기도 해야 하니, 담당하지 못하면 세상의 일을 꾸려나가지도 못하고 벗어나지도 못하며 세상을 벗어나는 마음을 갖지 못한다.

[강의]

사람은 자신에게 주어진 세상의 일들은 자신의 힘으로 감당하고 또 벗어나기도 해야 하니, 자신의 힘으로 감당하면 아무리 어렵고 힘든 일이라도 스스로 기운차게 행하여 마지막의 성과를 다른 사람에게 넘겨주지 않을 것이다. 나폴레옹 황제는 두려움과 어려움이라는 글자는 없다고 말했는데, 이것은 세상사에는 두려운 일과 어려운 일도 없고 사람이 자신의 힘으로 감당할 만하다는 것이니, 나폴레옹이 칠 척의 작은 몸에 백년도 못사는 목숨을 타고난 것은 다른 사람과 같은데, 세상의 큰일을 혼자서 떠맡은 것은 어떤 기백이었겠는가. 이것이 세상의 일을 혼자서 감당한 하나의 예다. 또 세상의 일을 잘 초탈하게 되면 어떤 좋은 일에도 욕심과 집착이 없어지고 잠시 물러설 줄을 알아서 최후의 화를 면하게 된다. 한나라 장량이 한고조 유방을 받들어 천하를 얻은 뒤에 속세를 떠나 신선 적송자를 따라가서 만년을 편안하게 지냈는데, 희대의 대업을 이룬 만고의 호걸 장량이 부귀와 명예를 버리고 신선을 따라가서 솔잎을 먹고 샘물을 마셨다니 얼마만한 도량인가. 이것은 세상사를 벗어나는 하나의 예이다. 세상의 일을 감당하지 못하면 두려움에 움츠리게 되어 한 세상을 운영하는 큰일을 할 수 없고, 영리를 벗어나지 못하면 늘 그것에 얽매여 속세를 벗어난 깨끗한 마음이 없게 된다.

17.

待人, 而留有餘不盡之恩禮, 則可以維繫無厭之人心,
(대인 이류유여부진지은례 즉가이유계무염지인심)

御事, 而留有餘不盡之才智, 則可以隄防不測之事變.
(어사 이류유여부진지재지 즉가이제방불측지사변)

[독해]

사람을 대할 때 넉넉한 마음으로 은혜와 예의를 갖추면 인심은 언제나 내게서 떠나지 않고, 일을 처리할 때 넉넉한 마음으로 능력과 지혜를 발휘하면 예기치 못한 화를 방지할 수 있다.

[강의]

남을 대할 때는 처음에는 은혜를 베풀고 예의를 갖추다가 후에 그렇지 않으면 그 사람은 은혜와 예의를 입지 못할까 물러가기 쉬우니, 만약에 다해서 없어지지 않는 은혜와 예의로 다른 사람들의 욕망을 채워주면 변함없이 인심을 얻을 것이다. 또한 어떤 일을 할 때도 한 번에 재주와 능력을 다 쓰게 되면 다시 준비를 해야 다른 일을 할 수 있으니, 마음의 여유를 가지고 재주와 능력을 축적하면 뜻밖의 일을 당해도 쉽게 방비해서 실패를 면할 수 있다.

18.

仇邊之弩易避, 恩裏之戈難防,
(구변지노이피 은리지과난방)

苦時之坎易逃, 樂處之阱難脫.
(고시지감이도 낙처지정난탈)

[독해]

원수의 활은 피하기 쉬우나 은혜의 창은 막기 어려우며, 어려울 때의 함정은 피하기 쉬우나 즐거울 때의 함정은 벗어나기 어렵다.

[강의]

원수는 늘 나에게 해를 가하려고 하므로 그 화살 같은 재앙의 기미를 언제나 신중히 살피게 되어 피하기 쉬우나, 은혜 속에 감춰진 창처럼 사람을 해치는 재앙의 기미는 분명하게 눈치 채기 어렵기 때문에 방어하기 어려우니, 원수 옆에 활이 있는 것은 누구나 아는 사실이나 은혜 속에 창이 있다는 것은 무슨 뜻인가. 예컨대 주인이 노비에게 깊은 은혜를 베푸는 것은 종으로 하여금 충성과 근면을 다하게 하기 위해서인데, 노비가 그 은혜에 감동하여 충성과 근면을 다하면 알지 못하는 사이에 자유의 인권을 잃게 되니, 이것은 주인의 은혜 속에 인권을 빼앗는 창이 들어있다는 것이고, 장군이 병사에게 큰 상을 주는 것은 그 병사로 하여금 죽음을 무릅쓴 용맹을 다하게 하기 위해서인데, 병사가 은혜를 갚기 위해 자신의 행복과 권리를 희생하는 것은 장군의 은혜 속에 생명을 빼앗는 창이 들어 있다는 것이다. 또 사람의 은총을 독차지할 때는 다른 사람의 시기와 질투를 입어 뜻밖의 참화를 당하기 쉬우니, 이와 같은 화가 모두 은혜 속에 숨어있으나 깨닫는 사람이 적기 때문에 은혜 속의 창은 막기 어려운 것이다. 또 고통스러운 함정은 피하기 쉬우나 쾌락의 함정은 벗어나기 어려우니, 가난의 고난과 구속의 고통은 다 사람을 괴롭게하는 함정과 같으나 사람이 항상 조심하고 피하면 그와 같은 재앙의 함정을 피하기는 쉽지만, 만약에 부귀공명과 술과 여색의 쾌락을 즐기는 사람이 한때의 욕망에 빠져서 부귀공명 속에 시기와 다툼을 일으키는 함정이 있고 술과 여색이 있는 곳에는 목숨을 해치는 함정이 있음을 알지 못하면, 점점 깊이 빠져 들어가 그 재앙에서 벗어나지 못하게 되므로, 사람은 마땅히 다른 사람의 은총을 탐내지 말고 쾌락이 있는 곳에서 더욱 근신해야 한다.

19.

落落者難合, 亦難分, 欣欣者易親, 亦易散,
(낙락자난합 역난분 흔흔자이친 역이산)

是以君子, 寧以剛方見憚, 毋以媚悅取容.
(시이군자 영이강방견탄 무이미열취용)

[독해]

잘 어울리지 못하는 사람은 뜻이 맞기도 어렵지만 역시 갈라서기도 어렵고, 다른 사람과 잘 어울리는 사람은 친해지기 쉽지만 역시 헤어지는 것도 쉬우니, 그래서 군자는 올바른 자세로 인하여 다른 사람들의 시기와 질투를 받더라도 아첨하여 즐기는 것을 용납하면 안 된다.

[강의]

낙락이라는 것은 성품이나 행동이 바르고 엄격해서 사귀는데 의리를 지키고 조금도 아첨하지 않아 사귀기 어려운 것을 말하니, 낙락한 사람은 아첨하는 일이 없어서 친하기 어려우나 일단 친하면 신의를 지키고 경솔하게 우정을 끊지 않아 헤어지기도 어려우며, 이와 반대로 남과 잘 사귀는 사람은 아첨해서 즐겁게 해주고 사귀는 의리를 생각하지 않으며 일시적인 이해를 따라 친하기도 하고 멀어지기도 하니, 이런 사람은 친하기도 쉽지만 헤어지기도 쉽습니다. 이로써 군자는 차라리 올바른 자세로 인하여 아첨하는 소인배들에게 기탄을 받는 낙락한 사람이 되더라도 결코 아첨하며 쉽게 어울리는 흔흔한 사람이 되지 않아야 한다.

20.

意氣與天下相期, 如春風之鼓暢庶類, 下宜存半點隔閡之形,
(의기여천하상기 여춘풍지고창서류 하의존반점격애지형)
肝膽與天下相照, 似秋月之洞徹君品, 不可作一毫曖昧之狀.
(간담여천하상조 사추월지동철군품 불가작일호애매지장)

[독해]

의지와 기개로 세상과 더불어 기약하기를 마치 봄바람이 온갖 만물을 깨워 자라게 하는 것과 같이 하여 조금이라도 막히면 안 되며, 속마음을 천하와 더불어 비추기를 마치 가을달이 만물을 환하게 비추듯 해야 하니, 조금도 애매하면 안 된다.

[강의]

의지와 기개가 조금도 사사로운 치우침 없이 융화하고 소통하여 세상 사람들과 서로 도와서 함께 즐기기를 기약하되 마치 봄바람이 온갖 만물을 깨워 자라게 하는 것처럼 조금도 막히는 형상이 없어야 하며, 속마음의 중심은 조금도 숨김이 없이 밝고 바르게 하여 세상 사람들과 서로 비추어서, 밝은 가을 달이 강산연운의 무리를 비추듯 해야 하니, 조금도 애매모호하면 안 된다.

21.

仕途雖赫奕, 常思林下的風味, 則權勢之念自輕,
(사도수혁혁 상사임하적풍미 즉권세지념자경)

世途雖紛華, 常思泉下的光景, 則利欲之心自淡.
(세도수분화 상사천하적광경 즉리욕지심자담)

[독해]

벼슬길이 비록 혁혁해도 항상 수풀의 멋과 아름다움을 생각하면 권세에 매달린 마음이 저절로 가벼워지고, 세상살이가 비록 어지러워도 언제나 샘가의 풍경을 생각하면 탐욕의 마음이 저절로 담백해진다.

[강의]

벼슬길이 비록 빛나게 보여도 항상 수풀의 멋과 아름다움을 생각하면 그 생각이 담백해서 권세를 좇는 생각이 저절로 가벼워지고, 속세의 길이 비록 어지럽고 화려해도 언제나 고요하고 맑은 샘터 풍경을 생각하면 도취한 마음이 맑아져서 이익과 욕망에 탐착하는 마음이 저절로 담백해진다.

22.

從熱鬧場中, 出幾句淸冷言語, 便掃除無限殺機,
(종열요장중 출기구청냉언어 편소제무한살기)
向寒微路上, 用一點赤熱心腸, 自培植許多生意.
(향한미로상 용일점적열심장 자배식허다생의)

[독해]

혼잡하고 시끄러운 곳에서 맑고 시원한 몇 마디의 말을 하면 한이 없는 살기를 없애고, 가난하고 힘겨운 길 위에서 한 점의 뜨거운 열정을 쏟으면, 스스로 허다한 삶의 의지를 심어 기르게 된다.

[강의]

불꽃같이 치열하고 우레같이 요란한 부귀와 권세가 있는 곳에서는 명예와 이익을 탐하는 욕심과 위세를 부러워하는 질투가 어지러이 일어서 재앙의 살기가 포장되어 있으니, 이처럼 부귀와 권세가 뜨겁고 시끄러운 곳에서 맑고 시원한 말로 명예와 이익을 탐하는 욕심과 위세에 대한 질투를 지워버리면 이것이 무한한 재앙의 살기를 없게 한다. 또 가난하고 미천한 사람은 빈곤을 견디지 못해 절망하고 낙심해서 삶의 의지를 잃기 쉬우나, 비록 가난하고 미천하더라도 한 점의 뜨거운 열정을 쏟아서 기운차게 움직이면 그것이 절망과 낙심을 전환시켜 삶의 의지를 심어 기르게 되니, 사람은 마땅히 부귀와 권세를 누리더라도 항상 냉정하고 담백한 취미를 알아야 하고, 가난하고 미천한 처지라도 항상 활발한 기상과 도량을 길러야 한다.

23.

淡泊之守, 須從濃艶場中試來, 鎭定之操, 還向紛紜境上勘過,
(담박지수 수종농염장중시래 진정지조 환향분운경상감과)

不然, 操持未定, 應用未圓,
(불연 조지미정 응용미원)

恐一臨機登壇, 而上品禪師, 又成一下品俗士矣.
(공일림기등단 이상품선사 우성일하품속사의)

[독해]

담백하게 하려면 마땅히 농염한 곳에서 시험해야 하고, 안정되게 하려면
어지러운 지경을 거쳐 와야 한다. 그렇지 못하면 지조도 확실하지 않고 응용하
는 것도 원만하지 못하니, 한 번 가까이 하거나 오르게 되면 고급의 선사도
한갓 하급의 속된 선비가 된다.

[강의]

사람은 한적한 숲속에서는 담박한 의지와 정취를 지키기 쉽지만 농염한
부귀를 누리면 탐욕이 생겨서 담백한 지조를 보존하기 어렵고, 또 한적한 때에
는 지조를 안정하기 쉽지만 소란스럽고 복잡한 때에는 생각이 번거롭고 급해
져서 안정하기 어려우므로, 담백한 지조를 지키려면 농염한 곳에서 시험해야
한다. 농염한 곳에서 부귀를 시험하여 조금도 탐욕이 없으면 그것이 진정한
담백함이고, 또 안정된 지조는 어지러운 지경에서 따져서 조금도 번거롭거나
급하지 않으면 그것이 확실하게 안정된 지조이다. 만일 그렇지 못하면 스스로
지조를 안정하지 못하며, 응용하여 대응하지 못하는 사람은 한 번 농염한 곳에
가까이 하고 어지러운 지경에 오르면 갑자기 지조를 잃게 되어서, 예전의 맑고
한적한 곳에서 담백한 지조를 지키고 고요하고 평온할 때 뜻을 안정시켜 고급
의 경지에 있던 선사가, 반대로 부귀 속에서 탐욕해지고 소란스럽고 복잡한

지경에서 같이 번거롭고 조급해지는 사실상 하급의 속인이 되니, 사람은 일이 있을 때 잘못을 면하고자 하면 마땅히 일이 없을 때 수양에 힘써야 한다.

24.

無事, 常如有事時堤防, 纔可以彌意外之變,
(무사 상여유사시제방 재가이미의외지변)

有事, 常如無事時鎭定, 方向以銷局中之危.
(유사 상여무사시진정 방향이소국중지위)

[독해]

무사할 때 유사시처럼 항상 대비를 하면 뜻밖에 벌어지는 사태를 막을 수 있고, 유사시에도 무사할 때처럼 안정되게 하면 당면한 위험을 없앨 수 있다.

[강의]

탈이 없이 한가한 때에 방심하고 산만하여 전혀 준비가 없다가, 뜻밖의 일을 당하면 갑자기 당황하여 그 사태에 대비하지 못하니, 아무 탈이 없을 때에도 탈이 났을 때처럼 대비할 준비를 하면 뜻밖의 사태를 막을 수 있고, 또 탈이 났을 때 문제에 부딪치거나 혹은 당황해서 바르게 처리를 못하면 그 일 자체에서 위험이 따르기 쉽다. 따라서 문제가 발생하여 급할 때도 냉정히 생각하여 한가한 때와 같이 안정되게 일을 처리하면 당면한 위험을 없앨 수 있다.

25.

處世, 而欲人感恩, 便爲斂怨之道,
(처세 이욕인감은 편위염원지도)

遇事, 而爲人除害, 即是導利之機.
(우사 이위인제해 즉시도리지기)

[독해]

세상을 살아가면서 내 은혜에 다른 사람이 감동하는 것이 원망을 사지 않는 길이며, 일을 당해서 사람들에게 해가 없도록 하는 것이 바로 이득을 얻는 기회가 된다.

[강의]

세상을 살아가면서 다른 사람들에게 도움을 주어 그 사람들이 내가 준 도움에 감동하게 하는 것이 도움을 주기 전에 나에 대한 다른 사람들의 원망을 없게 하는 길이다. 내가 다른 사람에게 도움을 주면 그 사람은 항상 나에게 감사한 마음을 가지고 원망을 갖지 않을 것이니, 그러므로 남에게 도움을 주는 것은 간접적으로 나를 이롭게 하는 것이기도 하다. 일에 문제가 생겼을 때 다른 사람의 해악을 없게 하는 것은 다른 사람을 위해서가 아니라 곧 나에게 이로운 기회가 되니, 왜냐면 내가 다른 사람의 해악을 없게 하면 다른 사람도 또한 나의 해악을 없게 하기 때문다. 그러나 요즘 사람들은 다른 사람을 위해 조그만 도움을 주거나 혹은 다른 사람을 위해 작은 일을 하고나면 반드시 자랑하고 과시하니, 이것이 어찌 오해가 아니겠는가.

26.

> 持身, 如泰山九鼎, 凝然不動, 則愆尤自少,
> (지신 여태산구정 응연부동 즉건우자소)
> 應事, 如流水落花, 悠然而逝, 則趣味常多.
> (응사 여류수락화 유연이서 즉취미상다)

[독해]

몸가짐이 태산이나 구정처럼 의연하고 확고하면 저절로 실수가 줄어들고, 사물과 대응할 때는 꽃이 지고 물이 흐르는 것처럼 여유가 있으면 흥미가 항상 넘친다.

[강의]

태산은 중국의 다섯 명산의 하나이고, 구정은 하나라 우왕이 아홉 주의 쇠를 모아 만든 보배로운 솥인데, 매우 크고 무거워서 쉽게 옮기지 못한다. 자신의 몸가짐을 태산이나 구정처럼 정중하게 하고 의연하게 하여, 가볍게 행동하지 않으면 가볍고 조급해서 낭패를 보는 경우가 저절로 줄어든다. 사물과 대응할 때는 흐르는 물처럼 막히지 않고 지는 꽃처럼 우아하고 다정하여 여유가 있으면 번뇌와 근심이 사라져 유유자적한 흥취가 항상 넘치게 된다.

27.

君者嚴如介石, 而畏其難親, 鮮不以明珠爲怪物, 而起按劍之心,
(군자엄여개석 이외기난친 선불이명주위괴물 이기안검지심)

小人滑如脂膏, 而喜其易合, 鮮不以毒螫爲甘飴, 而縱染指之欲.
(소인골여지고 이희기역 선불이독석위감이 이종염지지욕)

[독해]

군자는 바위처럼 엄격해서 친해지는 것을 두렵게 생각하여 귀한 마치 맑은 구슬을 괴이한 물건으로 여기는 것같이 흑심의 칼을 품는 사람이 적지 않다. 소인은 미끄러운 기름처럼 교활해서 쉽게 영합하는 것을 즐겨 마치 해로운 독을 단 엿처럼 생각하며 손가락에 묻혀보려는 사람이 적지 않다.

[강의]

군자는 생각이 바르고 크며 기상에 위엄이 있어 바라보면 우뚝한 바위와 같아서 친하기가 어려우므로 시기하여 해치려는 사람이 많은데, 비유하자면 맑은 구슬을 괴이한 물건으로 오인하고 칼로 베어버리는 것과 같고, 소인은 심성이 아첨을 좋아하고 행동이 교활해서 가까이 하기가 미끄러운 기름과 같으므로 가까이 하기에 쉽다고 친밀한 정을 맺었다가 훗날 해를 입게 되니, 비유하자면 독을 단 엿으로 잘못 알고 손가락에 묻혀 맛보려는 것과 같으니, 사람을 사귀는 것은 신중해야 한다.

28.

遇事, 只一味鎭定從容, 縱紛若亂絲, 終當就緖,
(우사 지일미진정종용 종분약란사 종당취서)
待人, 無半毫矯僞欺隱, 雖狡如山鬼, 亦自獻誠.
(대인 무반호교위기은 수교여산귀 역자헌성)

일을 할 때 일관되게 진지하고 침착하면 실처럼 엉킨 일도 마침내 풀리게 되고, 사람을 대할 때 조금도 속이고 숨김이 없으면 산귀신처럼 교활한 사람도 스스로 성실한 모습을 보이게 된다.

[강의]
좋지 않은 일을 당했을 때 일관되게 침착하게 순서대로 하면, 일이 비록 실타래처럼 복잡하게 헝클어졌어도 마침내 순서를 따라서 정리되고, 사람을 대할 때 조금도 거짓되고 숨김이 없이 진실하고 바르게 대하면 산귀신처럼 교활한 사람이라도 스스로 성실한 태도를 보이게 된다.

29.

肝腸煦若春風, 雖囊乏一文, 還憐煢獨,
(간장후약춘풍 수낭핍일문 환련경독)

氣骨淸如秋水, 縱家徒四壁, 終傲王公.
(기골청여추수 종가도사벽 종오왕공)

[독해]

마음이 따뜻해서 봄바람 같으면 비록 주머니가 텅 비어 있어도 오히려 늙어
외로운 사람을 불쌍히 여기고, 기개가 가을 물처럼 맑으면, 비록 집이 네 군데
벽밖에 없어도 신분이 높은 사람들을 우습게 본다.

[강의]

간장은 곧 마음과 생각이니, 마음과 생각이 온화해서 모든 것을 낳아 기르는
봄바람 같으면, 비록 가난하여 주머니 속에 한 푼의 돈이 없어도 늙어 외로운
사람들의 곤궁함을 동정하며, 기개가 맑고 높아서 티끌 하나 없는 가을 물과
같으면, 집안이 네 군데 벽밖에 없을 정도로 가난해도 신분이 높은 사람들의
부귀를 오히려 업신여긴다.

30.

費千金, 而結納賢豪, 孰若傾半瓢之粟, 以濟饑餓之人,
(비천금이결납현호 숙약경반표지속 이제기아지인)

構千楹, 而招徠賓客, 孰若葺數椽之茅, 以庇孤寒之士.
(구천영 이초래빈객 숙약즙수연지모 이비고한지사)

[독해]

천금을 써서 어질고 뛰어난 사람들과 맺어지는 것이 어떻게 반 바가지의 곡식으로 굶주린 사람을 구제하는 것과 같으며, 으리으리한 집을 지어 귀한 손님들을 초대하는 것이 어찌 보잘 것 없는 집이라도 쓸쓸하고 외롭고 가난한 선비를 돕는 것과 같겠는가.

[강의]

천금이나 되는 돈을 써서 잔치를 열고 예물을 보내 세상의 어진 선비나 시대의 호걸과 어울리는 것은 좋은 일이지만, 분수에 넘치고 호기를 부리는 마음이 있으니 순수한 미덕이라고 볼 수 없고, 반 바가지의 곡식이라도 나누어 주어 굶주리는 사람을 구제함이 진실하고 어진 자비의 마음이다. 따라서 천금을 써서 어진 선비나 시대의 호걸과 어울리는 사치나 체면치레는 반 바가지의 곡식을 나누어 굶주리는 사람을 돕는 진실하고 어진 자비의 마음보다 못하고, 천 개의 기둥으로 크고 넓은 집을 지어 많은 귀빈을 초대해 대접하는 것은 훌륭한 일이지만, 이것은 위세나 명망을 생각하고 한편으로 명리를 꾀하는 것이라 순수하게 베푸는 것이 아니다. 초라한 집이라도 외롭고 가난한 선비를 돌보는 것이 자비심이니, 호화로운 집에서 귀빈을 초대해 명망을 꾀하는 것은 외롭고 가난한 선비를 돌보는 자비심만 못하다. 하루에 천금을 쓰며 호탕을 다하면서 굶주리는 친척은 돕지 않고, 금빛 누각과 순백의 휘장으로 화려함을 뽐내면서 불우 이웃을 돌보지 않는 부자나 귀인은 반성해야 한다.

31.

市恩, 不如報德之爲厚, 雪忿, 不如忍恥之爲高.
(시은 불여보덕지위후 설분 불여인치지위고)

要譽, 不如逃名之爲適, 矯情, 不如直節之爲眞.
(요예 불여도명지위적 교정 불여직절지위진)

[독해]

은혜를 파는 것은 덕을 갚는 후의만 못하고, 분함을 설욕하는 것은 것은 부끄러움을 참는 고결한 뜻만 못하며, 명예를 얻으려 것은 명성을 멀리하여 자적하는 것만 못하고, 감정을 억누르는 것은 곧아서 진실한 것만 못하다.

[강의]

사사로운 은혜를 베풀어 남에게 작은 도움을 주는 것은 나중에 후의를 베푸는 것만 못하고, 이해의 득실을 따지지 않고 사소하고 사사로운 분풀이로 경솔하게 행동하는 것은 잠시의 치욕을 참고 견디어 오랜 시간을 두고 좋은 결과를 기다리는 것만 못하며, 명예를 얻으려는 욕심은 명성을 멀리하는 자적함만 못하고, 자연스럽게 우러나오는 마음의 감정을 억눌러 잘 보이려는 것도 바르고 진실한 것만 못하다.

32.

救旣敗之事者, 如御臨崖之馬, 休輕策一鞭,
(구기패지사자 여어임애지마 휴경책일편)

圖垂成之功者, 如挽上灘之舟, 莫少停一棹.
(두수성지공자 여만상탄지주 막소정일도)

[독해]

이미 실패한 일을 되돌리려는 사람은 벼랑 끝에서 말을 부리는 것처럼 함부로 채찍질을 하면 안 되고, 성공을 거의 눈앞에 둔 사람은 여울을 거슬러 배를 타듯 잠시도 노 젓기를 멈추면 안 된다.

[강의]

이미 실패한 일을 되돌리려고 하는 사람은 위험한 절벽에 있는 말에게 함부로 채찍질을 하지 않는 것처럼 해야 하니, 천길 벼랑에 있는 말을 부리는 것처럼 신중하게 서서히 나아가야 하기 때문이다. 만약에 함부로 채찍질을 했다가는 멍에가 벗겨지고 발을 헛디뎌서 천길 깊은 벼랑에 떨어지게 된다. 이것은 이미 실패한 일을 다시 되돌리는 것과 마찬가지로 경솔하게 일을 처리하면 다시 회복할 수 없는 지경으로 빠지게 되는 것이므로, 서두르다가 잘못되지 않도록 조심해야 한다. 또 성공을 거의 눈앞에 두고 있는 사람은 배가 급한 여울을 거슬러 올라가는 것처럼 한 순간도 노 젓는 수고를 멈추지 말아야 한다. 여울을 거슬러 올라가려면 끊임없이 노를 저어 배를 끌어올리는 노력을 해야 하는 것처럼, 한 번이라도 노를 멈추게 되면 반대로 배는 여울 아래로 떠내려가기 때문에 끝내 상류에 이르지 못하니, 따라서 거의 이루어진 일을 마무리할 때에도 조금도 나태하지 말고 더 열심히 노력하여 결실을 맺어야 한다.

33.

少年的人, 不患其不奮迅, 常患以奮迅而成鹵莽, 故當抑其躁心,
(소년적인 불환기불분신 상환이분신이성로망 고당억기조심)
老成的人, 不患其不持重, 常患而持重而成退縮, 故當振其惰氣.
(노성적인 불환기부지중 상환이지중이성퇴축 고당진기타기)

[독해]

젊은 사람은 의욕이 넘쳐서 못할까 걱정할 것이 아니라 너무 의욕이 넘쳐 허점이 생기는 것을 항상 걱정해야 하니, 따라서 조급한 마음을 억제해야 하고, 노인은 신중하지 못할까 걱정할 것이 아니라 너무 신중해서 위축되고 소극적이 될 것을 걱정해야 하니, 따라서 나태한 기질을 떨쳐야 한다.

[강의]

사람이 일을 할 때 힘차게 나서는 용기가 없으면 겁을 먹고 위축되어 진척이 안 되고, 또 몸가짐을 조심하는 참을성이 없으면 경거망동하여 실수가 많게 되므로, 힘찬 용기와 조심스런 참을성을 다 갖추어야 한다. 그러나 혈기 왕성한 젊은 사람은 힘차게 나서는 용기는 걱정할 필요가 없으나 항상 용기가 넘쳐서 일을 소홀하게 할 우려가 있으니, 따라서 젊은이는 마땅히 경망되고 조급한 마음을 억눌러야 한다. 또 기력이 쇠퇴한 노인은 조심성은 충분하나 항상 그것이 지나쳐 도리어 위축될 걱정이 있으니, 따라서 노인은 마땅히 그 나태한 기질을 떨쳐버려야 한다.

3. 평의(評議)

평의는 처음 이 책을 지은 홍자성이 자신의 마음속에
이상적으로 의견을 서로 교환해서 평가하고 의논하는
모임을 만들어 온 세상의 천태만상의 사물을 의안으로 내놓고
충분한 토론과 공정한 가결로 평가하고 의논해서
모든 독자에게 가결되고 승인된 결과를 맡겨서
실시되기를 기약하는 것이다.

1.

物莫大於天地日月, 而子美云, 日月籠中鳥, 乾坤水上萍,
(물막대어천지일월 이자미운 일월롱중조 건곤수상평)

事莫大於揖遜征誅, 而康節云, 唐虞揖遜三杯酒, 湯武征誅一局棋,
(사막대어읍손정주 이강절운 당우읍손삼배주 탕무정주일국기)

人能以此胸襟眼界, 吞吐六合, 上下千古,
(인능이차흉금안계 탄토육합 상하천고)

事來如漚生大海, 事去如影滅長空, 自經綸萬變, 而不動一塵矣.
(사래여구생대해 사거여영멸장공 자경륜만변 이부동일진의)

[독해]

사물은 하늘과 땅과 해와 달보다 큰 것이 없지만, 자미가 말하되 해와 달은 새장 속의 새이고 하늘과 땅은 물위의 부평초라고 했고, 일에는 나라를 물려주고 정벌하는 것만큼 큰 것이 없으나, 강절이 말하되 요임금과 순임금은 석 잔 술을 사양하듯 나라를 물려주었고, 탕왕과 무왕은 바둑 한 판을 두듯이 정벌했다고 했다. 사람은 이처럼 마음과 눈으로 사방천지를 삼키고 토하며 천 년을 오르내리고, 일이 닥치면 거품이 큰 바다에 이는 것 같으며, 일이 지나가면 그늘이 넓은 하늘에서 사라지듯 해서 스스로 수많은 변화를 만들어 티끌 하나 움직이지 않게 한다.

[강의]

사물이 많다고 해도 하늘과 땅과 해와 달보다 큰 것이 없는데, 당나라의 두자미는 해와 달은 새장 안의 새요, 하늘과 땅은 연못 속의 부평초라고 말했으니, 다른 사람의 눈으로 보면 하늘과 땅과 해와 달이 너무 크지만, 두보의 눈에는 아득한 우주 안에서 오가는 해와 달이 마치 새장 안의 새처럼 보이고, 하늘과 땅이 우주 공간에서 운행하는 것이 마치 물 위에 떠다니는 부평초처럼 보인 것이다. 사람의 일은 천하의 제위를 양위하고 다른 나라를 정벌하고 사람을 죽이는 것보다 큰 일이 없는데, 송나라 소강절은 말하기를 요순의 양위는 세 잔의 술이고, 탕왕과 무왕의 정벌은 한 판의 바둑이라고 했는데, 요 임금과 순 임금의 선양이란 요임금이 순임금에게 천하를 세 잔 술로 양위한 것을 말하고, 탕왕과 무왕의 정벌이란 은의 탕왕이 하의 걸왕을 내쫓고, 주의 무왕이 은의 주왕을 멸망시킨 일을 말한다. 보통 사람의 생각에는 선양하는 일과 정벌하는 일이 지극히 중대하게 보이지만, 소강절의 배포로 보면 요순의 선양이 마치 세 잔의 술을 주고받음과 같고 탕왕과 무왕의 정벌은 마치 바둑 한 판을 두는 것과 같았던 것이다.

사람이 넓은 마음과 밝게 트인 시야로 천지사방의 넓은 공간을 삼키고 뱉으며 천 년의 세월을 오르내려도, 막히고 걸리지 않으면 일에 부딪쳐도 큰 바다에 작은 물거품이 생기는 것과 같고, 일이 끝나도 그림자가 넓은 하늘에서 사라지는 것과 같으니, 일에 부딪치고 끝나는 것에 조금도 집착하지 않고 천만 가지로 일의 경륜에 변화를 보여도 본연의 성품은 조금도 흔들리지 않게 된다.

2.

> 持身涉世, 不可隨境而遷, 須是大火流金, 而淸風穆然,
> (지신섭세 불가수경이천 수시대화유금 이청풍목연)
>
> 嚴霜殺物, 而和氣藹然, 陰霾翳空, 而慧日郎然, 洪濤倒海,
> (엄상살물 이화기애연 음매예공 이혜일랑연 홍도도해)
>
> 而砥柱屹然, 方是宇宙的眞人品.
> (이지주흘연 방시우주적진인품)

[독해]

처신을 바르게 하여 세상을 살려면 환경에 따라 바뀌면 안 되고, 뜨거운 불이 무쇠를 녹여도 맑은 바람처럼 의연해야 하며, 된서리가 만물을 시들게 해도 부드럽고 따뜻해야 하고, 하늘이 흐려지고 폭우가 내려도 해가 밝게 비치는 것과 같아야 하며, 거센 파도가 바다를 뒤엎어도 지주처럼 우뚝 솟아 있어야 하니, 이렇게 해야 우주적인 참된 인품이다.

[강의]

처신을 바르게 하여 세상을 살려면 환경에 따라 자기 마음을 바꾸면 안 되니, 뜨거운 불이 무쇠를 녹이는 것처럼 참담하고 고통스런 일을 당해도 맑은 바람처럼 담담한 마음을 가져야 하며, 늦가을의 된서리가 만물을 시들게 하는 것 같이 황량한 지경에 이르러도 따뜻한 봄의 기운처럼 화평해야 하고, 하늘이 흐려지고 폭우가 내리는 것처럼 예기치 못한 지경에 이르러도 지혜는 해가 밝게 비치는 것 같아야 하며, 또 거센 파도가 바다를 뒤엎는 것처럼 도도한 세태가 한 세상을 잘못되게 해도, 굳센 의지는 천지를 지탱하는 지주처럼 흔들리지 않아야 하니, 이것이 바깥 상황에 따라 흔들리지 않는 우주적인 참된 인품이다.

3.

作人, 要脫俗, 不可存一矯俗之心,
(작인 요탈속 불가존일교속지심)

應事, 要隨時, 不可起一趨時之念.
(응사 요수시 불가기일추시지념)

[독해]

인격을 이루려면 속세를 벗어날 필요가 있으나 그렇다고 속세를 바로
잡으려고 하는 마음은 가지면 안 되고, 일을 하는 데에는 시대의 흐름을
따라갈 필요가 있으나 그렇다고 그 흐름을 일방적으로 추종하는 생각을
가지면 안 된다.

[강의]

인격을 이루기 위해서는 속세를 벗어나 속세의 더러움에 물들지 않아
야 하나 속세의 흐름을 거슬러 바로잡으려고 하면 안 되니, 세속의 흐름
을 거슬러 바로잡으려면 돌발적인 행동으로 시기심을 만들어서 화를 입
게 된다. 일을 처리할 때는 그 시대에 맞는 흐름을 따라야 하나 그 흐름
을 일방적으로 추종하는 생각을 가지면 안 되니, 시대의 흐름을 일방적
으로 따라가려고 하면 아부하는 행동으로 보여서 비겁하다는 비난을 받
게 된다.

4.

毀人者不美, 而受人毀者遭一番訕謗, 便加一番修省,
(훼인자불미 이수인훼자조일번산방 편가일번수성)

可以釋惡, 而增美, 欺人者非福, 而受人欺者遇一番橫逆,
(가이석악 이증미 기인자비복 이수인기자우일번횡역)

便長一番器宇, 可以轉禍, 而爲福.
(편장일번기우 가이전화 이위복)

[독해]

사람을 비방하는 것은 좋지 않은 일이나 그 비방을 받는 사람은 한 번 비방을 받을 때마다 한 번 더 자신을 뉘우쳐서 나쁜 것은 버리고 좋은 것으로 키워야 하고, 사람을 속이는 것은 복 받을 일이 아니나 속은 사람은 속을 때마다 한 번 더 자신의 도량을 키워 화를 복으로 만들어야 한다.

[강의]

다른 사람을 비방하는 것은 좋지 않은 일이나, 남에게서 비방을 받은 사람은 비방을 받을 때마다 그것으로 인하여 조심하고 각성해서 잘못된 점을 고치는 데 힘쓰게 되면, 행동에 신중하고 자신을 반성하여 점점 잘못하지 않게 되는데, 이렇게 하여 비방의 원인이 된 잘못을 버리고 성찰과 수양을 통해 좋은 점을 쌓아가게 된다. 다른 사람을 속이는 것은 복 받을 일이 못되나. 남에게 속은 사람은 속을 때마다 그 일로 인하여 인내심을 키우고 자신을 단련하면, 이것은 속았던 화를 도량을 크게 하는 복으로 바꾸게 된다.

5.

天欲禍人, 必先以微福驕之, 所以福來, 不必喜, 要看他會受,
(천욕화인 필선이미복교지 소이복래 불필희 요간타회수)
天欲福人, 必先以微禍儆之, 所以禍來, 不必憂, 要看他會救.
(천욕복인 필선이미화경지 소이복래 불필우 요간타회구)

[독해]

하늘이 사람을 벌할 때는 반드시 먼저 작은 복으로 교만하게 만드니, 따라서 복이 오면 기뻐할 것이 아니고 다른 것을 보고 함께 받아들여야 하고, 하늘이 사람에게 복을 줄 때는 반드시 먼저 작은 벌을 내려서 경계하니, 벌을 받으면 걱정할 것이 아니고 다른 것을 보고 함께 헤쳐 나가야 한다.

[강의]

하늘은 만물 위에서 만물을 안배하는 능력의 주재가 있다고 보고 그 주재를 대표하는 말이다. 그 주재가 사람에게 큰 화를 내릴 때는 먼저 작은 복을 주어 그 마음을 교만하게 하는데, 그 마음이 교만해져서 나쁜 일을 하면 반드시 예측하지 못한 큰 화를 받게 되니, 따라서 복이 오면 좋아 하지 말고 그 복을 잘 살핀 다음에 받아들여야 한다. 또 큰 복을 줄 때는 먼저 가벼운 화를 주어 그 마음을 각성하게 하는데, 그 마음을 각성하면 원만한 복을 누리게 되니, 따라서 화가 닥쳐도 걱정하지 말고 그 화를 살펴보아서 조심스럽게 함께 헤쳐 나가야 한다.

6.

作人, 只是一味率眞, 蹤跡雖隱還顯,
(작인 지시일미솔진 종적수은환현)

存心, 若有半毫未淨, 事爲雖公亦私.
(존심 약유반호미정 사위수공역사)

[독해]

인격을 이루는데 하나같이 진솔하기만 하면 행적을 숨겨도 드러나게
되고, 만약에 마음가짐이 조금이라도 깨끗하지 못하면 일 처리가 공정해
도 사사로운 감정이 있게 된다.

[강의]

사람의 성품을 이루는데 있어서 하나같이 진솔하기만 하여 거짓이 없
으면, 그 일의 공명정대함이 세상 사람의 이목에 알려져서 아무리 깊은
산속에 은거해도 그 명망은 세상에 널리 알려지고, 마음가짐이 조금이라
도 깨끗하지 못하고 헛된 욕심이 섞이면, 공적인 일을 해도 역시 사사로
운 감정이 들어가게 되니, 인품과 인격은 항상 진솔해야 하고 마음과 생
각은 맑고 깨끗해야 한다.

7.

貧賤驕人, 雖涉虛憍, 還有機分俠氣,
(빈천교인 수섭허교 환유기분협기)

英雄欺世, 縱似揮霍, 全沒半點眞心,
(영웅기세 종사휘사 전몰반점진심)

[독해]

빈천하면서도 다른 사람에게 교만하면 비록 허세에 지나지 않으나 조금의 협기는 있는 것이고, 영웅이 세상을 기만하면 비록 위풍당당한 것 같으나 조금의 진심도 없다.

[강의]

빈천한 사람이 기개를 내세워 다른 사람에게 교만하게 대하는 것은 비록 실제로는 힘이 없는 허풍이지만, 그래도 약간의 협기가 있다고 할 수 있으므로 아부하고 굽실대는 태도는 아니고, 영웅이 자신의 재능을 뽐내며 세상을 속이면 위세가 대단한 것 같지만, 조금도 진실한 마음이 없어서 마침내는 훌륭한 미덕을 손상시킨다.

8.

琴書詩畫, 達士以之養性靈, 而庸夫徒賞其跡象, 山川雲物,
(금서시화 달사이지양성령 이용부도상기적상 산천운물)

高人以之助學識, 而俗子徒玩其光華. 可見事物無定品,
(고인이지조학식 이속자도완기광화 가견사물무정품)

隨人識見, 以爲高下, 故讀書窮理, 要以識趣爲先.
(수인식견 이위고하 고독서궁리 요이식취위선)

[독해]

거문고·책·시·그림이 덕이 높은 사람에게는 성품과 영혼을 가꾸는 도구지만, 보통사람에게는 한갓 감상거리일 뿐이고, 산천·구름·자연은 재능이 있는 사람에게는 그것이 학식에 보탬이 되지만, 속인에게는 한낱 구경거리에 불과하다. 모든 사물은 일정한 품격이 있는 게 아니고, 사람의 식견에 따라 높고 낮아진다. 따라서 책을 읽고 사물의 이치를 연구하는 데는 우선 그 취미를 알아야 한다.

[강의]

청아한 거문고 음율, 좋은 책과 시, 빼어난 그림은 우아하고 한적한 멋이 있으니, 덕이 높은 사람은 그런 취미를 체득해서 자신의 영혼을 함양하지만, 열등한 보통사람은 그 소리와 형태만을 감상한다. 또 산의 고요함과 강의 흐름, 구름의 형성과 소멸, 사물의 변화는 기이하고 오묘한 이치와 작용을 나타내는 것이라, 재능이 뛰어나고 의지가 강한 사람은 그러한 이치와 작용을 보고 공부하는데 도움을 받지만, 저속한 사람은 한갓 그 빛깔과 화려한 것만 본다. 거문고·책·시·그림은 누구에게나 같으나, 덕이 높은 사람은 성품과 영혼을 기르는 도구로 삼고 열등한 보통

사람은 단지 그 겉모습을 보고 몰취미한 오락의 도구로 여기며, 산천·구름·사물은 다 같은 것이지만, 덕이 높은 사람은 그것을 공부하는 천연의 교과서로 알고, 저속한 사람은 그 화려함만 보며 혼이 없는 구경거리로만 여긴다. 이런 관점에서 보면 사물에는 일정한 품격이 없고, 다만 사람의 식견에 따라 높고 낮음의 차이가 생기게 되니, 따라서 책을 읽고 이치를 연구하려면 그 참된 취미를 깨달아 얻는 것을 최선의 공부로 삼아야 한다.

9.

少壯者, 當事事用意, 而意反輕,
(소장자 당사사용의 이의반경)

徒汎汎作水中鳧而已, 何以振雲霄之翮,
(도범범작수중부이기 하이진운소지핵)

衰老者, 事事宜忘情, 而情反重,
(쇠노자 사사의망정 이정반중)

徒碌碌爲轅下駒而已, 何以脫韁鎖之身.
(도녹녹위원하구이이 하이탈강쇄지신)

[독해]

젊고 건강한 사람은 마땅히 모든 일을 뜻을 가지고 해야 하는데, 도리어 한갓 물 위에 뜬 오리처럼 가벼우니 어떻게 푸른 하늘을 향해 날 수 있으며, 늙고 쇠약한 사람은 마땅히 모든 일에 감정이 앞서지 않아야 하는데, 도리어 수레에 묶인 말처럼 자신의 감정에 얽매여 이러지도 저러지도 못하니 어떻게 속박에서 벗어날 수 있겠는가.

[강의]

젊고 원기가 왕성한 사람은 어떤 일이든 힘있게 의지력을 활용해야 하는데, 도리어 일에 대한 용기와 의지가 약해 시간만 끌고 물결 따라 떠도는 오리처럼 시류에 따라 휩쓸리기만 하니, 어떻게 날개를 펴고 구름 위를 나는 대붕과 같이 원대한 사업을 도모하며, 노쇠한 사람은 마땅히 일에 대한 감정과 욕심을 버려야 하는데, 도리어 감정과 욕심에 얽매여 힘들게 소금 수레를 끄는 망아지처럼 세속의 굴레에 얽매이니, 어떻게 물욕에 얽매인 몸에서 벗어나 세속을 초월한 크나큰 자유를 얻겠는가.

10.

鶴立雞群, 可謂超然無侶矣, 然進而觀于大海之鵬,
(학립계군 가위초연무려의 연진이관우대해지붕)

則眇然自小, 又進而求之九霄之鳳, 則巍乎莫及,
(즉묘연자소 우진이구지구소지봉 즉외호막급)

所以至人常若無若虛, 而盛德多不矜不伐也.
(소이지인상약무약허 이성덕다불긍불벌야)

[독해]

학이 닭의 무리와 함께 있으면 뛰어나서 상대가 없다 하겠지만, 나아가 큰 바다의 붕새와 비교하면 너무 보잘것없고, 더 나아가 높은 하늘의 봉황과 비교하면 너무 높아서 따라갈 수가 없으니, 따라서 도의 경지에 이른 사람은 언제나 없는 것처럼 비어있는 것처럼 해서 쌓은 덕이 많아도 자랑하지 않는다.

[강의]

학이 닭의 무리에 섞이면 긴 다리와 높은 목이 뛰어나서 상대가 없으나 큰 바다에 사는 붕새에 비교하면 너무 작다. 붕새는 〈장자〉의 '소요유편'에 '북해에 물고기가 있어 곤(鯤)이라 하는데, 곤의 등은 길이가 몇 천리인지 알 수 없고, 곤이 변해 붕이 되는데 붕의 크기도 몇 천리인지 알 수 없다.' 했다. 또 학은 봉황에 비하면 빼어난 자태를 따라갈 수 없다. 사람의 일도 이처럼 작은 것 아래 더 작은 것 큰 것 위에 더 큰 것이 있으므로, 여하한 재능과 학식이 뛰어나도 교만하면 안 된다. 도인은 항상 재능이 없는 것처럼 마음을 비운 것처럼 자아를 잊은 상태에 있어야 하고, 지인은 업적이나 재능을 자랑하지 않고 자만심이 없어야 한다.

11.

蛾撲火, 火焦蛾, 莫謂禍生無本,
(아박화 화초아 막위화생무본)

果種花, 花結果, 須知福至有因.
(과종화 화결과 수지복지유인)

[독해]

나방이 불에 날아들면 불이 나방을 태우니 화가 미치는 데에 원인이 없다고 말하지 말고, 씨앗을 심으면 꽃이 피고 꽃에서 열매가 맺으니 복이 오는 데도 그 원인이 있음을 알아야 한다.

[강의]

나방이 날아다니다가 등불에 스스로 달려들면 등불은 당연히 나방을 태우니, 이것은 나방이 등불에 뛰어들어서 생긴 일이라 이유 없는 재앙이라 할 수 없는데, 사람의 재앙도 악의 원인을 심어서 스스로 불러들이는 것이다. 또 과일의 씨앗이 자라서 꽃이 피고 그 꽃으로 열매가 맺으니, 이것은 열매를 얻는 복이 꽃을 피우는 씨앗이 원인이 된 것이다. 행복이 오는 것도 원인이 있다는 것을 알아야 하니, 행복은 선행의 씨앗을 심어서 스스로 얻는 것이다.

12.

秋蟲春鳥, 共暢天機, 何必浪生悲喜,
(추충춘조 공창천기 하필랑생비희)

老樹新花, 同含生意, 胡爲妄別媸妍,
(노수신화 동함생의 호위망별치연)

[독해]

가을벌레나 봄새가 모두 하늘의 오묘한 작용으로 통하는데 어째서 슬픔과 기쁨을 만들고, 고목이나 새로 피는 꽃도 삶의 강한 의지를 지니고 있는데 어째서 망령되게 흉하다 예쁘다고 하며 구별하는가.

[강의]

가을벌레의 울음소리와 봄새의 지저귀는 소리는 모두 하늘의 작용으로 통하는 것인데, 어째서 가을벌레의 울음소리를 들으며 슬픔을 느끼고 봄새의 지저귐을 들으며 기쁨을 느껴서 같은 하늘의 작용인데 기쁨과 슬픔을 구별하고, 또 고목의 초라함과 새로 피는 꽃의 부드러움이 모두 삶의 의지를 가진 것인데, 어떻게 고목을 보면 흉하다 하고 새로 피는 꽃을 보면 아름답다고 생각하며 삶의 의지를 망령되게 구별하는가. 따라서 덕이 높은 사람은 모든 사물을 동일하게 보아서 평등한 영역에 둔다.

13.

萬境一轍, 原無地着箇窮通, 萬物一體, 原無處分箇彼我,
(만경일철 원무지착개궁통 만물일체 원무처분개피아)

世人迷眞逐妄, 乃向坦途上, 自設一坎坷,
(세인미진축망 내향탄도상 자설일감가)

從空洞中, 自築一藩籬, 良足慨哉.
(종공동중 자축일번리 양족개재)

[독해]

세상은 하나의 수레바퀴자국과 같아서 본래 막히고 트이는 곳이 없고, 만물은 하나여서 본래 너와 나를 구분하지 않는데, 세상 사람들은 진실에 어둡고 헛된 것을 좇아서 평탄한 길에 스스로의 장애를 만들어, 굴 안에 스스로 울타리를 만드니 참으로 슬픈 일이다.

[강의]

세상이 제각기 다르나 그 참뜻은 같아서 하나의 수레바퀴 자국처럼 본래 막히고 트이는 데가 없고, 만물은 서로 다르나 그 원리는 하나여서 너와 나를 구분하지 않는데, 세상 사람들은 유일한 참뜻에 어두워서 분별하지 못하는 헛된 생각을 좇아 평탄한 길에 막히고 통하는 장애를 만들고, 하나의 굴 안에서 남과 나를 나누는 울타리를 만드니 참으로 슬픈 일이다.

14.

大烈鴻猷, 常出悠閒鎭定之士, 不必忙忙,
(대열홍유 상출유한진정지사 불필망망)

休徵景福, 多集寬洪長厚之家, 何須瑣瑣.
(휴징경복 다집관홍장후지가 하수쇄쇄)

[독해]

큰 공과 지략은 여유롭고 마음이 안정된 사람에게서 나오니 절대로 바쁘게 살지 말고, 좋은 징조와 큰 복은 너그럽고 넉넉한 집안에 모이니 어찌 각박할 것인가.

[강의]

기상이 여유가 있고 마음이 안정된 사람은 뜻밖의 재난을 당해도 결코 허둥대지 않고 태연자약하여 활달하며 매사에 세밀해서 큰 공과 지략을 이루어 내니, 반드시 바쁘고 조급해서 유연함과 침착함을 잃으면 안 된다. 바쁘고 조급한 사람은 깊이 생각을 못하고 멀리 보지 못해서 큰 공과 지략을 이룰 수가 없고, 도량이 넓고 성품이 온화하고 넉넉한 사람은 다른 사람의 잘못을 너그럽게 용서하고 곤궁함을 도와주어, 자신의 따뜻한 기운이 넘치므로, 좋은 징조와 큰 복을 얻기 마련인데 어떻게 가혹하고 치우치게 살겠는가. 만일 사소한 일에까지 따지며 매달리면 원망을 사서 좋은 결과를 얻지 못하게 된다.

15.

貧士肯濟人, 纔是性天中惠澤,
(빈사긍제인 재시성천중혜택)

鬧場能學道, 力爲心地上工夫.
(요장능학도 역위심지상공부)

[독해]

가난한 선비가 기꺼이 남을 돕는다면 이것은 타고난 성품에서 나온 은혜로움이고, 시끄러운 곳에서 도를 배운다면 이것은 마음의 바탕에서 이루는 공부이다.

[강의]

부유한 사람이 가난한 사람을 돕는 것도 혜택이기는 하나 이것은 재물이 남아서 남을 돕는 것이고, 가난한 사람이 남의 가난을 보고 돕는 것은 재물이 남아서가 아니라, 단순히 타고난 어진 품성에서 우러나온 혜택이다. 또 조용한 곳에서 도를 배우는 것이 공부이긴 하나 이것은 외부환경의 도움을 얻어서 도를 배우는 것이고, 시끄러운 곳에서 도를 배우는 것은 환경의 도움을 얻는 것이 아니라 절실하고 독실한 마음의 공부이다.

16.

人生只爲欲字所累, 便如馬如牛, 聽人羈絡,
(인생지위욕자소루 편여마여우 청인기락)

爲鷹爲犬, 任物鞭笞, 若果一念淸明, 淡然無欲,
(위응위견 임물편태 약과일념청명 담연무욕)

天地也不能轉動我, 鬼神也不能役使我, 況一切區區事物乎.
(천지야불능전동아 귀신야불능역사아 황일절구구사물호)

[독해]

인생은 단지 '욕(欲)'이라는 글자에 매여 있으니, 마치 사람이 부리는 소나 말처럼 굴레와 고삐에 얽매이고, 매나 사냥개처럼 채찍을 맞고 사냥감을 쫓는다. 만약에 하나 된 생각으로 청명하고 담박해서 욕심이 없으면, 천지도 나를 움직일 수 없고 귀신도 나를 부리지 못할 것이니, 하물며 보잘것없는 사물이야 어쩌겠는가.

[강의]

소나 말은 사람의 보살핌을 받고자 기꺼이 굴레를 쓰고 사람을 위해 일하고, 매나 개도 보살핌을 받고자 사냥꾼의 채찍을 맞으며 사냥을 하는데, 인생도 이와 같이 욕망에 얽매이면 소나 말처럼 남이 씌우는 고삐와 굴레에 얽매여 자유를 상실하고 매나 개처럼 남의 채찍을 받으며 굴욕을 감내하니, 욕망의 해악이 어찌 비통하지 않겠는가. 만약에 하나 된 생각으로 청명하고 담박해서 탐욕을 말끔히 없애버리면, 천지도 나를 움직이지 못하고 귀신도 나를 부리지 못할지니, 하물며 사소한 일체 사물이 나를 어찌 구속하고 채찍질하겠는가.

17.

衆人以順境爲樂, 而君子樂自逆境中來,
(중인이순경위락 이군자락자역경중래)
衆人以拂意爲憂, 而君子憂從決意處起,
(중인이불의위우 이군자우종결의처기)
蓋衆人憂樂以情, 而君子憂樂以理也.
(개중인우락이정 이군자우락이리야)

[독해]

대중은 순조로운 환경에서 즐거움을 느끼고, 군자는 고난 속에서도 즐거움을 스스로 누리며, 대중은 뜻대로 일이 되지 않으면 걱정하지만, 군자는 일이 뜻대로 진행되면 오히려 걱정하니, 이처럼 대중의 걱정이나 즐거움은 감정을 따르고, 군자의 걱정과 즐거움은 이치를 따른다.

[강의]

대중은 모든 일이 뜻대로 되는 순조로운 환경을 좋아하지만, 군자는 뜻대로 되지 않는 어려운 상황을 즐긴다. 예컨대 우둔한 임금은 자신의 명령에 따르고 뜻을 거역하지 않는 신하를 좋아하고, 현명한 임금은 바른 말로 간하며 끝까지 물러서지 않는 충신을 좋아하는 것이 이것이다. 대중은 뜻대로 되지 않으면 걱정하지만, 군자는 일이 뜻대로 잘되면 걱정하고, 대중 가운데서도 아둔한 무리는 놀고먹는 나태함을 즐겨서 착한 것을 권하고 나쁜 것을 말리는 좋은 벗을 멀리 하며, 덕행을 닦는 군자는 착한 것을 권하고 나쁜 것을 말리는 충고를 좋아해서 아첨하는 부류를 걱정한다. 대중의 걱정과 기쁨은 개인의 사정에 따르나 군자의 걱정과 기쁨은 보편적인 도리를 따르므로, 그 걱정과 기쁨이 상반되는 것이다.

4. 한적(閒適)

한적은 마음의 상태에 따라 구별이 있으니,
외부 환경의 한적은 복잡하고 시끄러운 도시에서
멀리 떨어진 자연을 말하는 것이고,
마음의 한적은 주위 환경에 관계없이
소란한 시장이나 전쟁터 같은 곳에서도
마음속에 따로 한 가닥의 한적한 취미를 잃지 않고
조금도 번뇌가 없는 것을 말하니,
마음의 선택은 자신의 능력 여하에 따라 다를 것이지만,
사람이 세상을 살면서 어떤 일을 할지라도
한적한 정취를 알지 못하면, 항상 사물에 이끌리며
고뇌가 많은 고달픈 생활을 하게 되니, 어떻게 세상 밖의
세상에 서서 만사를 아우르는 큰 걸음을 내딛을 수 있겠으며,
티끌 하나 묻지 않은 크나큰 쾌락을 얻을 수 있겠는가.

1.

龍可豢, 非眞龍, 虎可搏, 非眞虎,
(용가환 비진룡 호가박 비진호)
故爵祿可餌榮進之輩, 必不可籠淡然無欲之人,
(고작록가이영진지배 필불가농담연무욕지인)
鼎鑊可及寵利之流, 必不可加飄然遠引之士.
(정확가급총리지류 필불가가표연원인지사)

[독해]

용을 기를 수 있다면 진짜 용이 아니고, 호랑이를 잡을 수 있다면 진짜 호랑이가 아니다. 그러므로 직위와 봉록은 영예와 출세를 원하면 얻게 되지만 담백하고 욕심이 없는 사람을 잡지 못하며, 가혹한 벌은 부귀영화와 이익을 좇는 부류에게는 영향을 주지만 표연하여 욕심을 멀리하는 사람에게는 아무렇지도 않다.

[강의]

용을 기를 수 있다면 진짜 용이 아니니 진짜 용은 사람이 길러주길 원치 않을 것이고, 호랑이를 잡을 수 있다면 진짜 호랑이가 아니니 진짜 호랑이는 사람이 씌우는 굴레를 받지 않는 까닭이다. 사람도 이와 같아서 직위와 봉록을 욕심내면 참된 사람이 아니고 정확의 벌을 받으면 사물에 얽매이지 않는 사람이 아니다. 옛날 죄인을 솥에 넣어 삶아 죽이는 일이 있었는데, 이것을 정확이라고 했다. 따라서 직위와 봉록은 영예와 출세를 좇는 사람에게는 미끼가 되나 담백하고 욕심이 없는 사람을 농락하지 못하니, 영예와 출세를 좇는 사람은 이익만을 탐하여, 좋은 미끼로 물고기를 낚듯이 관직과 봉록의 이익으로 그의 의지를 매수하여 부도덕하고 파렴치한 환경으로 몰고 가도 반성할 줄 모른다. 담백하고 욕심이 없는 사람은 관직과 봉록을 뜬구름처럼 여겨 높은 절개와 청결한 지조를 지키니, 어찌 구차하게 그런 것에 농락을 당하겠는가. 또 정확의 벌은 영리를 추구하는 사람들이 받겠지만, 담백하고 욕심이 없는 사람에게는 가당치 않은 것이다. 따라서 영예와 출세를 탐하는 무리들은 의리를 배반하고 사사로운 욕심을 좇아 시기하고 경쟁하는 가운데 참극을 만들어 정확의 벌을 받기도 하지만, 표연히 욕심에서 멀어진 사람은 영화와 이익을 떠나서 세상 밖에서 노닐 것인데 어떻게 벌을 받겠는가. 예부터 영화와 이익을 떠난 사람이 정확의 벌을 받는 일이 왕왕 있었지만 그것은 근본적인 도리가 바뀐 것이고, 또 그 원인을 자세히 살펴보면 미리 알아서 방지하지 못한 책임을 면하기 어려운 것이다.

2.

昂藏老鶴, 雖饑, 飮啄猶閒, 肯同鷄鶩之營營, 而競食,
(앙장노학 수기 음탁유한 긍동계목지영영 이경식)
偃蹇寒松, 縱老, 封標自在, 豈似桃李之灼芍, 而諍姸.
(언축한송 종로 봉표자재 기사도리지작작 이쟁연)

[독해]

고고한 늙은 학은 비록 배가 고파도 마시고 쪼는 모습이 여유로우니 어찌 닭이나 집오리처럼 악착스레 먹이를 가지고 다투겠으며, 꿋꿋한 소나무는 비록 늙어도 우거진 모습이 그대로이니, 어찌 복사꽃이나 자두나무처럼 화려한 꽃으로 아름다움을 다투겠는가.

[강의]

고고한 자태의 늙은 학은 비록 배가 고파도 마시고 쪼는 모습이 여유가 있고 우아하여 닭이나 오리처럼 구차하게 먹이를 가지고 다투지 않고, 꿋꿋한 자태의 소나무는 비록 늙었어도 우거진 모습이 변함없으니, 어찌 복사꽃이나 자두나무처럼 화려한 꽃으로 아름다움을 다투겠는가. 사람도 이와 같아서 도량이 넓은 대장부와 의지가 굳은 남자는 구차한 영리 같은 것을 우습게보며 부귀영화를 좇지 않는다.

3.

吾人適誌於花柳爛漫之時, 得趣於笙歌騰沸之處,
(오인적지어화류난만지시 득취어생가등비지처)

乃是造化之幻境, 人心之蕩念也,
(급시조화지환경 인심지탕념야)

須從木落草枯之後, 向聲希味淡之中, 覓得一些消息,
(수종목락초고지후 향성희미담지중 멱득일사소식)

纔是乾坤的橐籥, 人物的根宗.
(재시건곤적탁약 인물적근종))

[독해]

우리들은 꽃과 버들잎이 난만할 때에 마음이 흡족하고 생황과 노래 소리
가 나는 곳에서 흥이 나지만, 이것은 조화로운 환경에 불과한 사람 마음속
의 방탕한 생각이니, 마땅히 나뭇잎이 지고 풀이 마른 뒤 고요하고 담백한
중에 하나의 소식을 들으면, 이것이 바로 하늘과 땅의 조화를 불러일으키
는 풀무이며 사람과 만물의 근원이다.

[강의]

꽃과 버들잎은 한때 매우 화려하지만, 가을바람을 견디지 못하고, 풍악
과 노래 소리는 한 때 흥을 돋우지만 흥취가 얼마나 가겠는가. 이것들은
다 조화로운 환영이니, 이와 같은 환영의 세계, 즉 꽃과 버들이 화려하고
풍악과 노래 소리가 나는 곳에서 마음이 흡족하고 흥취가 일어나면 마음속
에서는 방탕한 생각이 일어난다. 따라서 환영의 세계가 아닌 나뭇잎이
지고 풀이 마른 뒤 고요하고 담백한 중에 마음의 흡족함과 흥취를 얻어서
다른 하나의 소식을 듣는다면, 이것이 조화의 근본이고 사람과 만물의
근원이 된다.

4.

看破有盡身軀, 萬境之塵緣自息,
(간파유진신구 만경지진연자식)

悟入無懷境界, 一輪之心月獨明.
(오입무회경계 일륜지심월독명)

[독해]

사람의 육신이 유한하다는 것을 깨달으면 온 세상의 부질없는 인연이
절로 사라지고, 마음을 비운 깨달음의 경지에 이르면, 밝은 달처럼 마음이
밝아진다.

[강의]

인간의 몸은 반드시 사라지게 되니, 이 진리를 깨달으면 육신에 대한
모든 생사고락의 집착이 홀연히 사라지며 온 세상의 부질없는 인연이 절로
사라져서 무엇에도 얽히지 않는 인격을 이루게 되고, 탐욕스런 마음을
비운 경지에 이르면 마음이 밝아져서 어지러운 생각이 없어진다.

5.

土床石枕冷家風, 擁衾時, 夢魂亦爽,
(토상석냉가풍 옹금시 몽혼역상)

麥飯豆羹淡滋味, 放著處, 齒頰猶香,
(맥반두갱담자미 방시처 치협유향)

[독해]
흙바닥과 돌베개에 찬바람 부는 집이라도 이불을 덮으면 꿈도 상쾌하고, 보리밥에 콩나물국으로 간소한 식사를 해도 젓가락을 내려놓으면 입안이 향기롭다.

[강의]
흙으로 침상을 만들고 돌을 베개로 삼아 청렴하게 사는 가풍을 지키는 사람은 이불을 덮고 자면 꿈도 맑고 깨끗해서 한 점의 속된 욕망이 없고, 보리밥에 콩나물국으로 담백한 맛을 즐기는 사람은 식사를 마치고 수저를 놓으면 입안에 향기가 남아서 불쾌한 비린내가 없으니, 사람이 어찌 청렴을 소중히 생각하지 않겠는가.

6.

談紛華而厭者, 或見紛華而喜, 語淡泊而欣者, 或處淡泊而厭.
(담분화이염자 혹견분화이희 어담박이흔자 혹처담박이염)
須掃除濃淡之見, 滅卻欣厭之情, 纔可以忘紛華, 而甘淡泊也.
(수소제농담지견 멸각흔염지정 재가이망분화 이감담박야))

[독해]

화려한 것을 말하기 싫어하는 사람이 간혹 화려한 것을 보고 좋아하고, 담백한 것을 말하기 좋아하는 사람이 간혹 담백한 곳에서는 싫어한다면, 마땅히 그런 차이를 없이 하여 좋아하고 싫어하는 감정을 없애 버려야 화려함을 잊고 담백함을 즐길 수 있다.

[강의]

화려한 것을 말하기 싫어하는 사람이 간혹 화려한 것을 보고 좋아하는 경우가 있으니, 이것은 화려한 것을 진심으로 싫어하는 것이 아니고, 담백한 것을 말하기 좋아하는 사람이 간혹 담백한 곳에서는 싫어하는 경우가 있는데, 이것은 담백함을 진심으로 좋아하는 것이 아니다. 따라서 혼탁함과 담백함의 구분을 하지 말고 좋고 싫음의 감정을 함께 가져야 화려함을 잊고 담백함을 즐기게 된다.

7.

富貴的一世寵榮, 到死時, 反增了一個戀字, 如負重擔,
(부귀적일세총영 도사시 반증료일개련자 여부중담)

貧賤的一世清苦, 到死時, 反脫了一個厭字, 如釋重枷.
(빈천적일세청고 도사시 반탈료일개염자 여석중가)

人誠想念到此, 當急回貪戀之首, 而猛舒愁苦之眉矣.
(인성상념도차 당급회탐련지수 이맹서수고지미의)

[독해]

부귀한 일생의 영화는 죽을 때 하나의 연민을 낳게 되어 무거운 짐과 같고, 가난하게 사는 일생의 청빈한 고생은 죽을 때 그 고생을 싫어하는 생각에서 벗어나서 무거운 형틀을 벗는 것과 같으니, 사람의 생각이 진실로 이렇게 된다면 늦기 전에 탐욕과 연민에 찬 머리를 돌려서 근심과 고뇌에 찬 미간을 펴야 한다.

[강의]

부귀한 일생의 영화는 상사람들이 모두 원하고 바라는 것이라, 따라서 부귀해서 생전에 그 욕망을 누리다가 죽을 때가 되면 과거의 영화는 모두 사라지는데, 반대로 부귀를 탐애하여 집착을 버리지 못해서 중대한 짐을 진 것처럼 괴로워하고, 가난하게 사는 일생의 고생은 사람들이 싫어하는 것이라, 따라서 빈천하게 살며 고뇌하다가 죽음에 이르게 되면 생전의 가난의 고통에서 벗어나 무거운 형틀을 벗는 것같이 가벼워진다. 이런 연유로 보면 영화와 가난은 사람이 죽을 때가 되면 좋고 싫은 감정이 바뀌게 되니, 사람의 생각이 여기에 이르면 부귀에 대한 미련과 빈천의 염증을 반대로 느끼게 되므로, 늦기 전에 탐욕과 연민에 찬 머리를 돌려서 근심과 고뇌에 찬 미간을 펴고 담백하고 안정된 지조를 지켜야 한다.

8.

人之有生也, 如太倉之粒米, 如灼目之電光,
(인지유생야 여태창지립미 여작목지전광)

如懸崖之朽, 如逝海之巨波, 知此者, 如何不悲, 如何不樂.
(여현애지후 여서해지거파 지차자 여하불비 여하불락)

如何看他不破, 而懷貧生之盧, 如何看他不重, 而貽虛生之羞.
(여하간타불파 이회빈생지노 여하간타부중 이이허생지수)

[독해]

사람의 일생은 넓은 창고의 쌀과 같고, 눈앞에 번쩍이는 번갯불 같으며, 벼랑 끝에 선 늙은 나무 같고, 바다의 거친 파도 같으니, 이것을 깨닫는다면 왜 슬프지 않고 즐겁지 않겠는가. 어째서 이런 사실을 깨닫지 못하고 욕망으로 인해 삶을 근심에 쌓이게 하고, 왜 이런 사실을 중하게 여기지 않아 삶을 헛되게 해서 부끄러움을 남기는가.

[강의]

사람이 세상에서 살아가는 것을 보면, 그 모습은 몹시 작고 위태롭고 사는 동안은 짧고 변화가 심해 오래 지속되지 못한다. 칠 척의 작은 몸으로 무한한 공간에 사는 것이 커다란 창고 안의 한 톨의 쌀 같고, 백년의 삶도 영원한 시간에 비해 번쩍이는 번개와 같으며, 그 위험은 절벽에 선 썩은 나무 같고, 그 변화가 바다에서 출렁이는 파도 같다. 이 같은 인생무상을 알면 어찌 슬프지 않으며, 이같이 무상한 가운데 다행한 삶을 산다는 것을 생각하면 어찌 즐겁지 않겠는가만, 어찌 이런 무상을 간파하지 못하고 부질없이 삶에 집착하고 구차하게 죽음을 피하며, 어찌 이같이 무상함 속에 다행한 것을 소중히 여기며 위대한 덕과 업적을 이루어 그 향기를 만고에 남기는 일에 힘쓰지 않고 허송세월로 부끄러운 삶을 남기려는가.

9.

東海水, 會聞無定波, 世事何須扼腕,
(동해수 회문무정파 세사하수액완)

北邙山, 未省留閒地, 人生且自舒眉.
(북망산 미성유한지 인생차자서미)

[독해]

동해의 물이 파도가 일정하다는 말을 들은 적이 없으니 세상사 화낼 일이 무엇이 있으며, 북망산에 빈 땅이 남아 있다는 것을 본 적이 없으니 인생에 찡그릴 일도 없다.

[강의]

동해의 물은 항상 수많은 파도의 변화가 심하여 일정한 파도가 없으니, 세상의 일도 이와 같아서 수많은 나라의 흥망성쇠가 변화무쌍하여 한 순간의 운명이 영원하다고 할 수 없으니 일시적으로 뜻을 이루었다고 오만하면 안 되며, 북망산에 수많은 무덤이 줄지어 있어서 매장되지 않은 공터가 없으니, 이것을 보면 예나 지금이나 죽지 않는 사람은 없다는 것을 알 수 있다. 사람이 언젠가 한 번은 죽는다는 것을 알면 생전의 일에 대해 지나치게 근심할 필요가 없으니, 사람은 마땅히 찡그린 미간을 펴고 밝고 즐겁게 지내야 한다.

10.

天地尙無停息, 日月且有盈虧,
(천지상무정식 일월차유영휴)

況區區人世, 能事事圓滿 而時時暇逸乎,
(황구구인세 능사사원만 이시시가일호)

只是向忙裡偸閒, 遇缺處知足,
(지시향망리투한 우결처지족)

則操縱在我, 作息自如, 則造物不得與之論勞逸, 較虧盈矣.
(즉조중재아 작식자여 즉조물부득여지논노일 교휴영의)

[독해]

하늘과 땅은 머물러 쉬지 않고 해와 달 또한 가득 차 기우는데, 하물며 구구한 인간 세상에 모든 일이 다 원만히 잘되고 언제나 여유가 있겠는가. 다만 바쁜 중에 잠깐의 여유를 갖고 부족한 곳에서 만족할 줄 알면 일하고 쉬는 것은 마음대로 조종할 수 있으니, 조물주도 나와 함께 근심하는 일을 논하지 못할 것이며 기울고 차는 것을 비교하지 못할 것이다.

[강의]

하늘과 땅도 운행하며 움직여 잠시도 가만히 쉬지 않고, 해와 달도 또한 끊임없이 차고 기울어 항상 둥글고 밝지 못하니, 사람이 구차하고 만사가 복잡한 세상살이에서 어찌 일마다 원만하여 조그만 부족함도 없으며, 백 년을 사는 동안에 때마다 한가하여 조금도 바쁘지 않겠는가. 다만 번잡하고 바쁜 중에 편안함을 얻고 부족한 가운데 만족을 느끼면 만족함과 부족함, 한가함과 분주함을 마음대로 할 수 있으니, 비록 조물주의 기교라 해도 나에 대해 수고로움과 편안함을 따지거나 차고 기우러짐을 비교하지 못할 것이니, 이렇게 세상은 오고가며 뒤바뀌는 것이 나에게 있다.

11.

會心不在遠, 得趣不在多,
(회심부재원 득취부재다)

盆池拳石間, 便居然有萬裡山川之勢,
(분지권석간 편거연유만리산천지세)

片言隻語內, 便宛然見萬古聖賢之心,
(편언척어내 편완연견만고성현지심)

纔是高士的眼界, 達人的胸襟.
(재시고사적한계 달인적흉금)

[독해]

깨달음은 멀리 있지 않고 취미를 얻는 데는 많은 것이 필요 없으니, 작은 연못이나 주먹만 한 돌 사이에도 만리산천의 형세가 있고, 한 마디 말에 옛 성현의 마음을 그대로 볼 수 있으니, 이것을 깨닫는 것이 많이 배운 사람의 안목이고 통달한 사람의 마음이다.

[강의]

마음속 이치를 깨달음은 높고 멀리 있는 것이 아니고 가까이 있으며, 많이 있어야 취미를 얻는 것이 아니고 작은 것에도 있으니, 작은 연못이나 주먹만 한 돌 사이에도 만리산천의 형세가 있고 한 마디 말과 짧은 글 속에서 옛 성현의 마음을 알 수 있다면, 이것은 작은 것에서 큰 것을 알고 가까이에서 멀리 보는 것으로, 많이 배운 사람의 안목이고 통달한 사람의 마음이다.

12.

逸態閒情, 惟期自尙, 何事外修邊幅,
(일태한정 유기자상 하사외수변폭)

淸標傲骨, 不願人憐, 無勞多費胭脂.
(청표오골 불원인련 무로다비연지)

[독해]

편안한 태도와 한가로운 마음은 오직 자기 자신을 높이기 위한 것이니 어째서 겉모습을 꾸미며, 맑고 높은 기골은 남의 관심을 바라지 않으니 꾸미려고 수고할 필요가 없다.

[강의]

편안한 태도와 한가로운 마음은 자기 자신을 높이고 거리낌 없이 스스로 만족하는 것이니, 어찌 외부 환경의 겉치레로 세상 물정에 구차하게 영합하겠는가. 겉치레를 하면 도리어 편안한 태도와 한가로운 마음을 손상시켜 비천한 졸장부가 되니, 맑고 높은 기골은 다른 사람의 관심을 바라며 꾸미려고 수고할 필요가 없다. 연지를 바르는 것은 남자의 관심을 바라는 여인의 애교에서 나오는 것이다. 한때의 은총을 얻기 위해 수없이 아첨하고 비루한 졸장부의 작태는 오히려 천한 기생이 얼굴에 연지와 분을 바르는 것보다 더 심한 것이니, 예부터 욕을 얻어먹는 사람들은 다 이런 사람이다.

13.

棲遲蓬戶, 耳目雖拘, 而神情自曠,
(서지봉호 이목수구 이신정자광)

結納山翁, 儀文雖略, 而意念常眞.
(결납산옹 의문수략 이의념상진)

[독해]

집이 누추해도 여유롭게 살면 보고 듣는 것이 한정되어도 정신과 마음은 스스로 넓어지고, 산골 노인과 어울려 지내면 예의와 교양은 부족해도 의지와 생각은 항상 진실하다.

[강의]

은둔하는 선비가 낡고 작은 집에서 살면 보고 듣는 것이 비록 적어서 멀리 내다보고 듣지는 못하나, 정신과 마음은 저절로 넓어져서 화려한 저택에 살며 온갖 욕심 속에서 근심만 쌓는 것보다 낫고, 질박한 산골 노인과 어울리면 예의도 모르고 말에도 조리가 없지만, 생각은 항상 진실하여 교제에 능숙한 위선적인 사람과 어울리는 것보다 낫다.

14.

造化喚作小兒, 切莫受渠戲弄,
(조화환작소아 절막수거희롱)

天地丸爲大塊, 須要任我爐錘.
(천지환위대괴 수요임아로추)

[독해]

사물의 조화에 어린아이처럼 가볍게 희롱당하면 절대로 안 되고, 세상을 큰 흙덩이처럼 여겨서 자신의 마음대로 해야 한다.

[강의]

조화를 주재하는 것에 두려워 말고 내 마음대로 다룰 수 있는 어린 아이처럼 생각하여 그 영향을 받지 말아야 하며, 또 하늘과 땅이 커도 너무 크게 생각하지 말고 그냥 큰 흙덩어리처럼 보아서 내 마음대로 된다고 생각해야 한다. 따라서 큰일을 하는 큰 사람은 만물의 조화를 뺏고 형세를 만들어서 천만 가지의 일을 조금도 외부 사물에 기대지 않고 자기 힘으로 이루어야 하니, 자신의 힘이 부족해서 평생에 해야 할 일을 운에 맡기는 피동적이고 의타적인 사람은 이것을 읽으며 이마에 땀이 나지 않을 수 없을 것이다.

5. 개론(槪論)

개론은 사람이 세상을 살면서 마음에 생기는
욕심이나 사물의 상태를 망라하여
고통스러운 일은 나무라고 좋은 일은 장려하여
처세와 수양에 관한 모든 문제의 사리를 밝히고 의논하는 것이다.

1.

君子之心事, 天靑日白, 不可使人不知,
(군자지심사 천청일백 불가사인부지)
君子之才華, 玉韞珠藏, 不可使人易知.
(군자지재화 옥운주장 불가사인이지)

[독해]

군자의 마음속은 푸른 하늘과 밝은 해처럼 누구나 다 알 수 있어야 하고, 군자의 뛰어난 재능은 보석을 숨기듯 하여 누구나 쉽게 알 수 없도록 해야 한다.

[강의]

군자는 덕을 베풀어 실천하는 사람을 말하니, 군자의 마음가짐과 하는 일은 청천백일처럼 공명정대하여 한 치의 거짓도 없어야 하고, 따라서 자신의 마음속을 조금도 감추지 말고 다른 사람이 모르게 하지도 않으며, 그 뛰어난 재능을 돌 속의 옥이나 바다 밑 진주처럼 숨겨서 경솔하게 모습을 드러내지 않도록 하여, 사람들이 쉽게 알지 못하게 해야 한다. 이것은 숨겨진 덕을 키우고 다른 사람의 시기심에서 벗어나기 위한 것이니, 비단옷 위에 남루한 옷을 입는다는 말이 이것을 말하는 것이다. 이와 반대로 소인은 자신의 마음과 하는 일에 거짓이 많아 다른 사람에게 늘 숨기지만, 조금이라도 재능이나 자랑할 것이 있으면 온갖 감언이설을 늘어놓으며 다른 사람들이 모를까 걱정하는데, 이것이 대인과 소인의 차이를 만드는 중요한 점이다.

2.

耳中常聞逆耳之言, 心中常有拂心之事, 總是進德修行的砥石.
(이중상문역이지언 심중상유불심지사 재시진덕수행적지석)

若言言悅耳, 事事快心, 便把此生, 埋在鴆毒中矣.
(약언언열이 사사쾌심 변파차생 매재짐독중의)

[독해]

귀로는 항상 귀에 거슬리는 말을 듣고 마음속에는 항상 마음에 꺼리는 일이 있다면, 이것이 곧 덕을 쌓고 수행하는 숫돌이 되느니, 말마다 귀를 기쁘게 하고 일마다 마음을 즐겁게 하면 이것이 곧 인생을 짐독 속에 묻는 것이다.

[강의]

바른말은 귀에 거슬리지만 수행에는 이롭고, 사람이나 사물이 주는 장애는 자신의 마음에는 들지 않으나 건방지고 게을러지는 폐단을 막아 절차탁마의 공을 쌓게 하는 이로운 것이며, 이유가 있는 바른말과 마음을 자제하게 해 주는 것은 덕을 쌓고 수행하는 데 도움이 되는 것이니, 누가 무례하게 비난하고 모욕적인 행동으로 마음을 흔들어도 그것이 자신에게 수행이 되는 것이다. 그래서 거슬리는 말과 마음에 들지 않는 일은 모두 수행을 하는데 도움이 되는 숫돌과 같으니, 만일 듣기 좋은 말과 마음에 드는 일만 있다면 자신의 덕을 쌓을 기회가 없게 되며, 이것은 자신의 일생을 짐독 속에 빠트리는 것과 같다. 따라서 훌륭한 임금은 앞에서 바른말을 하는 신하를 사랑하고, 군자는 선행을 권하는 이로운 벗을 존경한다.

3.

醲肥辛甘非眞味, 眞味只是淡,
(농비신감비진미 진미지시담)

神奇卓異非至人, 至人只是常.
(신기탁이비지인 지인지시상)

[독해]

진하고 기름지고 맵고 단 것은 참다운 맛이 아니니 참다운 맛은 담담한 것이고, 신기하거나 특이하다고 도에 이른 사람은 아니니 도에 이른 사람은 한결같다.

[강의]

진한 술과 기름진 고기와 매운맛과 단맛은 모두 하나의 치우친 맛이라, 어떻게 조리를 해도 식사 시간이나 위장 상태나 풍토와 습관에 따라 맛의 차이가 나니 이것은 참맛이 아니다. 참맛은 담백한 차나 밥 같은 맛으로 장소나 사람이나 시간과 관계없이 싫증나지 않는 맛이며, 한 걸음 더 나아가 아무 맛도 없는 맛이 참맛이다. 신기하다는 것은 둔갑술 등과 같이 여러 형상으로 바뀌는 것이고, 남다르다는 것은 특이하고 기괴한 일을 꾸미는 것으로 괴력난신(怪力亂神)이나 색은행괴(索隱行怪) 같은 것인데, 이것은 도에 이른 사람이 할 일이 아니다. 도에 이른 사람은 평상적인 도를 행하니, 선가(禪家)에서 소위 말하는 '배고프면 먹고 피곤해지면 잔다.'는 것이 도에 이른 사람의 모습이다.

4.

> 夜深人靜, 獨坐觀心, 始覺妄窮而眞獨露, 每於此中, 得大機趣.
> (야심인정 독좌관심 시각망궁이진독로 매어차중 득대기취)
>
> 旣覺眞現而妄難逃, 又於此中, 得大慚悔.
> (기각진현이망난도 우어차중 득대참회)

[독해]

밤이 깊어 고요할 때 홀로 앉아 마음을 들여다보면 허망한 생각이 사라지고 참된 마음이 나타나는 것을 알게 되어, 언제나 이런 가운데서 큰 즐거움을 얻는다. 그러나 참된 마음이 나타나 허망한 생각에서 벗어나기 어렵다는 것을 알게 되면, 또한 그 안에서 참된 부끄러움을 크게 느끼게 된다.

[강의]

밤이 깊고 인적은 없어 사방이 고요할 때, 응접하는 사물도 없이 홀로 앉아서 자신의 마음을 들여다보면 속세에 찌든 생각은 하나도 나지 않는다. 낮에 있었던 여러 가지 응접한 사물들로 인한 희로애락의 감정들이 생겨나면 일곱 자의 육신을 얽어매던 허망한 생각들이 사라지고, 텅 빈 영혼처럼 맑은 참마음의 실체가 홀로 나타나서 영묘한 즐거움을 얻게 된다. 참된 마음이 밝게 나타나 허망한 생각이 지나간 흔적을 감추기가 어렵게 되면, 그런 거짓된 허망한 마음을 알게 되기 때문에 지난 잘못을 깨닫게 되고 또 그 안에서 커다란 부끄러움을 체득하게 된다.

5.

恩裏由來生害, 故快意時, 須早回頭,
(은리유래생해 고쾌의시 수조회두)
敗後惑反成功, 古拂心處, 切莫放手.
(패후혹반성공 고불심처 절막방수)

[독해]

은혜로 인해서 피해를 입는 경우가 있으므로 마음이 흡족할 때 재빨리 돌아서야 하고, 실패해도 후에 성공을 하는 경우도 있으므로 뜻대로 일이 되지 않는다고 절대로 손을 놓지 말라.

[강의]

다른 사람에게 계속적으로 사랑과 은혜를 받는 것은 자신의 홀로 사는 것에 방해가 되니, 이것은 성인이 된 사람에게는 복이 아니며, 또 도움이 끊어지면 반대로 은혜를 주었던 사람과 원수지간이 되므로, 사랑과 은혜를 받아 마음이 족할 때 빨리 돌아서서 은혜를 주고받는 여운이 없어지지 않게 하여 앞날의 만남을 오래 보존해야 한다. 일을 하다가 실패를 했더라도 분발해서 새롭게 시도하면 과거의 실패가 경험이 되어 훗날에 성공을 얻게 되므로, 실패하여 곤란을 당해도 낙망해서 손을 놓아버리지 말고 더 기운차게 나아가야 한다. 예부터 위대한 공을 이룬 영웅호걸도 누가 한두 번의 실패를 경험하지 않았겠는가.

6.

面前的田地, 要放得寬, 使人無不平之歎,
(면전적전지 요방득관 사인무불평지탄)

身後的惠澤, 要流得長, 使人有不匱之思.
(신후적혜택 요류득장 사인유불궤지사)

[독해]

살아 있을 때는 너그러운 마음으로 남의 불만을 사지 말고, 죽어서는 은혜가 오래 남아서 남들이 잊지 않도록 하라.

[강의]

면전이란 곧 살아 있을 때를 말하고 전지는 심지, 즉 마음의 밭이란 뜻이니, 살아 있을 때는 마음을 너그럽게 해서 다른 사람의 장단점을 가리지 말고 모두 포용하여 다른 사람이 나에게 불만을 품는 일이 없게 해야 한다. 살아 있을 때에는 은혜를 베풀어 그 혜택이 죽은 후에도 사람들의 기억 속에 오래도록 남아 후손들이 기억하게 해야 하니, 동서고금의 위대한 종교인과 기업가와 학자와 작가들이 아직 드러나지 않은 진리를 밝혀 많은 사람들이 그 은덕을 누리도록 하는 것이 이것이다.

7.

路徑窄處, 留一步與人行,
(노경착처 유일보여인행)

滋味濃的, 減三分讓人食, 此是涉世一極樂法.
(자미농적 감삼분양인식 차시섭세일극락법)

[독해]

좁은 길에서는 한 걸음 물러나서 남이 먼저 지나가게 하고, 좋은 맛은 10분의 3을 덜어 남에게 베풀어야 하니, 이것이 세상을 즐겁게 사는 하나의 방법이다.

[강의]

두 사람이 함께 갈 수 없는 좁은 길에서 사람과 만나면 한 발 물러서서 상대가 먼저 지나가게 하고, 맛이 좋은 음식을 먹을 때는 음식의 10분의 3을 덜어서 남과 나누어 먹으면, 다투지도 않게 되고 상대방도 감사하게 여길 것이니, 이것이 경쟁이 심한 세상을 즐겁게 살아가는 방법이다.

8.

作人, 無甚高遠的事業, 擺脫得俗情, 便入名流,
(작인 무심고원적사업 파탈득속정 편입명류)

爲學, 無甚增益的工夫, 減除得物累, 便臻聖境.
(위학 무심증익적공부 감제득물루 편진성경).

[독해]

사람이 되는 것은 대단히 높고 먼 것이 아니라, 속된 욕정에서 벗어나면 그것으로 이름을 남길 만하고, 학문을 하는 것은 비록 공부를 많이 하지 못해도, 물욕에서 벗어나면 그것으로 성인의 경지에 이를 수 있다.

[강의]

천고의 업적을 역사에 영롱하게 남긴 위인이나 가문도 속세를 떠난 높고 먼 세상 밖의 일을 한 것이 아니라 사람의 도리를 마땅히 한 것이니, 세속의 일을 하되 집착이 없이 속된 욕망을 벗어나면 이런 사람이 곧 이름을 남기게 된다. 불교의 '입세간의 출세간이 참된 출세간'이 이것이고, 또 어떤 도인이나 학자도 세상에 없는 도리를 새로 만드는 것이 아니라 본래 있는 지혜와 덕을 내보이는 것이다. 다만 사물에 얽매이지 않고 그것을 차츰 줄여서 해탈하면 저절로 성인의 경지에 이르게 되니, '다만 정성을 다할 뿐이고 성스런 해탈은 달리 없다.'고 하는 것이 이것이 아닌가. 세상 사람들은 이것을 모르고 속된 욕망에서 벗어나는 것이 높고 먼 일이라 생각하고, 사물에 얽매이지 않고 줄이는 것을 공부라 오인한다.

9.

蓋世功勞, 當不得一個矜字,
(개세공로 당부득일개긍자)

彌天罪過, 當不得一個改字.
(미천죄과 당부득일개회자)

[독해]

세상을 뒤덮을 공이라도 '긍(矜)' 한 글자를 당하지 못하고, 하늘에 가득할 죄와 허물이라도 '개(改)' 한 글자를 당하지 못한다.

[강의]

역사의 영웅이나 일세의 호걸이 세운 큰 공이 온 세상에 미친다고 해도 자기 스스로 만능의 신처럼 자만하면 덕을 잃고 미움을 사서 이미 이룬 공조차 차츰 없어지니, 세상을 덮는 공로를 세운 영웅도 수없이 많은 이름 없는 영웅들의 희생 위에서 공을 세운 것이다. '一將功成萬骨槁(한 장수가 공을 이루는 데서 만 사람의 뼈가 마른다.)'는 옛말이 이것을 말한다. 결코 혼자의 힘으로 이룬 것이 아니어도 자신의 공이라고 자만하여 많은 사람의 공로를 무시하면 그 공도 오래가지 못하게 되니, 비록 세상을 덮는 공로라고 해도 어찌 '긍(矜)' 한 글자의 무서운 힘을 당해내겠는가. 또 큰 잘못이라도 빨리 회개하고 좋은 행실과 훌륭한 덕행을 하면 과거의 잘못은 차츰 사라지게 되므로, 아무리 큰 잘못이라도 '개(改)' 한 글자를 당해내지 못하니, 공이 있는 사람은 '矜'자를 삼가야 하고, 잘못이 있는 사람은 '改' 자를 생각해야 한다.

10.

事事留個有餘不盡的意思, 便造物不能忌我, 鬼神不能損我.
(사사유개유여부진적의사 편조물불능적기아 귀신불능손아)
若業必求滿, 功必求盈者, 不生內變, 必召外愚.
(약업필구만 공필구영자 부생내변 필소외우)

[독해]

일마다 여유를 두고 한다는 생각을 가지면, 조물주도 나를 싫어하지 못할 것이고 귀신도 나를 해치지 못할 것이지만, 만약에 일이 꼭 만족하기를 바라고 공이 반드시 가득 이루어지기 원하면, 안에서 변이 일어나지 않으면 밖에서 우환을 부르게 된다.

[강의]

모든 일을 다 이루겠다는 생각을 하지 말고 항상 얼마 정도의 여유를 두어 외부 사물의 변화를 받아들이면, 만물을 만드는 조물주도 나를 시기하지 못하고 귀신도 나를 해치지 못하나, 반대로 하는 일과 공적을 최대로 나오게 하려고 한다면 안에서 잘못되거나 밖에서 우환이 생기게 된다. 10을 담는 그릇에 7만큼만 물을 담아 3정도의 여유를 두면 그 물이 안전하지만, 10을 채우면 물이 넘치거나 엎질러지는 것과 같은 것이다.

11.

攻人之惡, 無太嚴, 要思其堪受,
(공인지악 무태엄 요사기감수)

敎人以善, 毋過高, 當使其可從.
(교인이선 무과고 당사기가종)

[독해]

다른 사람의 잘못은 너무 엄하게 나무라지 말고, 받아들일 수 있을 만큼 나무라야 하고, 다른 사람에게 선을 가르치려면 너무 높이지 말고 적당히 해서 따르게 해야 한다.

[강의]

다른 사람의 잘못을 나무라는 것은 그 사람의 과실을 짚어서 못하게 하는 것이지만, 그 나무라는 정도가 지나치게 엄하면 도리어 그 사람을 슬프게 하므로, 받아들일 수 있는 한도에서 적당한 정도로 나무라야 하고, 다른 사람에게 선을 가르치려면 너무 지나친 일을 맡겨서 실천하지 못하면 가르치는 보람이 없으니, 그 사람의 기량이나 재능에 맞춰 따라올 정도로 가르쳐야 한다. 따라서 부처가 대승인을 만나면 대승법을 말하고 소승인을 만나면 소승법을 말하며, 공자가 '중간 이하의 사람에게는 높게 말하지 않는다.'는 것이 이런 것들이다.

12.

> 糞蟲至穢, 變爲蟬, 而飮露於秋風,
> (분충지예 변위선 이음로어추풍)
>
> 腐草無光, 化爲螢, 而耀采於夏月,
> (부초무광 화위형 이요채어하월)
>
> 故知潔常自汚出, 明每從暗生也.
> (고지결상자오출 명매종암생야)

[독해]

굼벵이는 더럽지만 매미로 변해서 가을바람에 이슬을 마시고, 썩은 풀은 빛이 없지만 반딧불로 변해서 여름날 달 아래 빛나니, 그러므로 깨끗한 것은 항상 더러움에서 시작되어 나오고 밝은 것은 항상 어둠을 따라서 생겨난다는 것을 알아야 한다.

[강의]

굼벵이는 흙속에 사는 더러운 벌레지만 허물을 벗고 매미가 되어 가을바람에 맑은 이슬을 마시며 깨끗한 생활을 하고, 썩은 풀은 썩어서 못쓰는 물건이라 본래 빛나지 않지만, 반딧불로 변해서 여름밤에 그 빛을 낸다. 그러므로 매미의 깨끗함은 굼벵이의 더러움에서 나오고 반딧불이의 아름다운 빛은 썩은 풀 속에서 생겨나는 것이 일반적인 것을 알 수 있다. 아름다움은 박명한 데서 나오고, 문장은 곤궁한 생활에서 나오며, 성공은 실패한 후에 얻고, 행복은 어둡고 한스러움 뒤에 있으며, 역사적으로 존경할 만한 영웅호걸도 빈천한 가운데서 출세했으니, 사람은 한때의 실의로 낙망하지 말아야 한다.

13.

> 矜高妄傲, 無非客氣, 降伏得客氣下, 而後正氣伸,
> (긍고망오 무비객기 항복득객기하 이후정기신)
> 情欲意識, 盡屬妄心, 消殺得妄心盡, 而後眞心現.
> (정욕의식 진속망심 소살득망심진 이후진심현)

[독해]

자랑하고 거만한 것은 객기가 아닌 것이 없으니 객기를 물리친 뒤에 올바른 기운이 자라고, 욕심과 의식은 모두가 허망한 마음에 속하니, 허망한 마음을 없애고 나면 참마음이 나타난다.

[강의]

자신을 높여 자랑하고 다른 사람에게 잘난 체하며 건방진 것은 보기 싫고 부도덕한 객기라, 이 객기를 다 물리치면 공평하고 바른 정기가 자라나며, 애증의 욕망과 번뇌의 의식은 다 허망한 마음에 속하는 것이니, 이런 허망한 마음을 없애버리면 맑고 밝은 참마음이 나타난다. 비록 그렇지만 객기와 바른 기운이 상대적인 것이 아니고, 허망한 마음과 참마음이 서로 다른 두 가지 사물이 아니라 같은 기운이고 같은 마음이며, 망령된 짓을 가리켜 객기라 하고 망령된 마음이라고 하고, 본연의 모습을 바른 기운이라고도 하고 참마음이라고도 하니, 따라서 바른 기운과 참 마음은 거울 같은 물과 같고, 객기와 허망한 마음은 파도치는 물결 같으니, 거울 같은 물을 떠나서는 별도로 풍파의 자체가 없는 것이다.

14.

飽後思味, 卽濃淡之境都消, 色後思婬, 則男女之見盡絕,
(포후사미 즉농담지경도소 색후사음 즉남녀지견진절)

故人常以事後之悔悟, 破臨事之癡迷, 則性定而動無不正.
(고인상이사후지회오 파임사지치미 즉성정이동무부정)

[독해]

배가 부른 다음에 맛을 생각하면 짙고 옅은 맛의 구별이 사라지고, 여색 뒤에 음탕함을 생각하면 남녀에 대한 생각이 없어지니, 따라서 사람은 항상 일이 끝난 뒤에 후회할 것을 생각하여 일을 시작할 때의 어리석음을 없게 하면 곧 본성이 안정되어 잘못 행동하는 일이 없을 것이다.

[강의]

배불리 음식을 먹은 다음에 음식 맛을 생각하면 짙고 옅으며 좋고 나쁜 맛의 구별이 모두 사라지고, 정사를 한 뒤에 음탕한 욕정을 생각하면 남녀 간의 연애에 대한 생각이 없어지니, 배부른 뒤에 생각하면 많이 먹고 마신 일을 후회하게 되고, 여색을 즐긴 뒤에 음탕한 욕정을 생각하면 여색에 빠져 음란했던 것을 후회하게 된다. 그러므로 어떤 일이라도 일이 끝난 뒤의 후회를 미리 추측해서 사전에 일을 시작할 때의 어리석음을 없게 하면, 본성이 안정되어 어떻게 행동해도 절대로 잘못되지 않을 것이다.

15.

居軒冕之中, 不可無山林的氣味,
(거헌면지중 불가무산림적기미)

處林泉之下, 須要懷廊廟之經綸.
(처임천지하 수요회낭묘지경륜)

[독해]

높은 지위에 있어도 산과 숲에 사는 기질과 취미가 없으면 안 되고, 숲의 샘가에 있을지라도 모름지기 나라에 대한 경륜을 품어야 한다.

[강의]

헌은 고관들이 타는 수레이고 면은 고관들이 쓰는 모자이니, 헌을 타고 면을 쓰고 관청에서 군사와 정치를 맡아 처리하는 고관대작들이 명예와 이익만을 좇으면 세속에 물들어 입지를 잃을 것이고, 또 명예와 이익을 추구하지 않는 현명한 재상이나 청렴한 관리라도 지나치게 복잡하고 바쁜 정사에 정신이 지치면 도리어 당면한 일에 대한 판단력이 흐려져서 잘못된 정견을 갖기 쉬우니, 높은 직위에 있는 정치가라 해도 냉정해서 감정에 치우치지 않도록 산과 숲을 벗하고 사는 기질과 취미를 가져야 이익을 좇고 입지를 잃는 폐단과 혼미하여 잘못 판단하는 실수가 없게 된다. 비스마르크의 높은 식견도 때때로 공원을 산책할 때 얻은 것이라고 하는데 이것이 한 증거이다. 혹시나 불우한 사람이나 세상을 피해 사는 선비가 숲의 샘가에서 구름과 학과 더불어 담백한 일생을 보내더라도 의기소침하여 염세적이고 고루한 사람이 되지 말고, 세상을 구제하고 나라를 경영하는 국가적 경륜을 품어야 하니, 한나라 제갈공명이 융중의 초가에 누워 낮잠을 즐기며 사는 가운데서도 벽에 형주와 익주의 지도를 붙여 놓고 한나라의 부흥을 계획했던 일이 이것에 대한 하나의 실례이다.

16.

憂勤是美德, 太苦則無以適性怡情,
(우근시미덕 태고칙무이적성이정)

澹泊是高風, 太枯則無以濟人利物.
(담박시고풍 태고칙무이제인리물)

[독해]

조심스럽고 부지런한 것이 미덕이긴 하나 너무 고심하면 본성에 어긋나서 마음이 편하지 못하고, 담백한 것은 고상한 기풍이나 너무 지나치면 사람을 구제하고 사물을 이롭게 할 수 없다.

[강의]

'憂'는 조심스럽고 신중하다는 뜻이고 '勤'은 힘써 노력한다는 뜻이니, 매사에 조심스럽고 부지런한 것은 사람의 미덕이지만, 너무 고심하면 본성과 감정을 편안하게 하지 못하고, 담백한 생활은 참으로 고상한 태도이나 너무 메마르면 마른 나무나 타버린 재와 같아서 사람을 구제하고 사물을 이롭게 도리를 하지 못한다.

17.

事窮勢蹙之人, 當原其初心,
(사궁세축지인 당원기초심)
功成行滿之士, 要觀其末路.
(공성행만지사 요관기말로)

[독해]

하는 일이 어려워져서 형세가 기운 사람은 마땅히 초심으로 돌아가야
하고, 공적을 원만히 이룬 선비는 끝을 내다보아야 한다.

[강의]

사람은 일을 하다가 어려워져서 형세가 기울면 그 일에 연연하여 오히
려 쓸데없는 걱정만 하게 되는데, 이럴 때는 생각을 바꿔서 처음 그 일을
시작했을 때의 초심으로 돌아가 다시 계획을 세워야 한다. 초나라 때 해
하에서 유방에게 패했던 항우가 오강을 건너 자신의 고향으로 돌아가 권
토중래를 기약했으면 오히려 모든 영토가 유방과 항우 둘 중 누구의 것
이 되었는지 모를 일이었는데, 항우는 한때의 패배를 스스로 이겨내지
못하고 오강에서 자결을 해서 천추의 한을 남겼으니, 이것은 항우가 막
다른 길에 몰렸을 때 초심으로 돌아가지 못한 까닭이다. 공적을 원만히
이룬 사람은 미래를 앞에 두고 항상 자신을 잘 다스려 말년을 생각해서
적당한 때 물러나서 끝마무리를 잘해야 한다. 한나라의 한신이 동서를
정벌하여 나라를 세우는 큰 공을 세웠으니 공적을 만족하게 이루었다고
할 수 있으나, 대군을 이끌어 백전백승하는 병법의 신이던 그의 생명을
최후에 하찮은 아녀자 여태후의 손에 잃었으니, 이것은 자신의 말로를
잘 살펴 생각하지 못한 까닭이다.

18.

富貴家，宜寬厚，而反忌剋，是富貴，而貧賤其行，如何能享，
(부귀가 의관후 이반기극 시부귀 이빈천기행 여하능향)

聰明人，宜斂藏，而反炫耀，是聰明，而愚懵其病，如何不敗.
(총명인 의렴장 이반현요 시총명 이우몽기병 여하불패)

[독해]

부귀한 집안은 마땅히 너그럽고 후해야 하는데 도리어 시기하고 인색하면, 그것은 부귀하면서도 그 행실이 빈천한 것이니 어떻게 부귀를 누릴 수 있으며, 총명한 사람은 마땅히 재주를 숨기고 감추어야 하는데 도리어 드러내어 자랑하면, 이것은 총명하되 어리석은 병을 만드는 것이니 어찌 실패하지 않겠는가.

[강의]

부귀한 집안은 마땅히 너그럽고 후하게 베풀어야 하는데 도리어 남을 시기하고 재물에 인색하면, 이것은 부귀하면서도 그 행실은 빈천하여 많은 사람들의 원망을 받을 것이니 어찌 그 부귀를 오래 누릴 수 있으며, 총명한 사람은 마땅히 그 재능을 숨겼다가 때가 되면 활용해야 하는데 도리어 스스로 드러내고 자랑하여 함부로 남용하면, 이것은 총명하면서도 어리석고 어두운 병이 있는 것이니 어찌 실패하지 않겠는가.

19.

待小人, 不難於嚴, 而難於不惡,
(대소인 불난어엄 이난어불오)

待君子, 不難於恭, 而難於有禮.
(대군자 불난어공 이난어유례)

[독해]

소인은 엄하게 대하기가 어려운 것이 아니라 미워하지 않는 것이 더 어렵고, 군자는 공손하게 대하기가 어려운 것이 아니라 예절을 갖추기가 더 어렵다.

[강의]

소인은 행동이 바르지 않아 그 사람에 대한 증오심을 갖기 쉬우니, 소인을 엄하게 대하기는 어렵지 않지만 미워하지 않기가 어렵고, 인격이 높은 군자에게는 공손하게 하기는 쉬우니, 군자를 공경하여 대하기는 어렵지 않으나 예절에 갖춰서 예도를 지키기가 어렵다.

20.

降魔者，先降自心，心伏，則群魔退聽，
(항마자 선항자심 심복 즉군마퇴청)

馭橫者，先馭此氣，氣平，則外橫不侵.
(어횡자 선어차기 기평 즉외횡불침)

[독해]

마귀를 항복시키려면 먼저 마음속의 마귀를 항복시켜야 하니 마음이 항복하면 모든 악마가 물러나고, 횡포한 마음을 다스리려면 먼저 자기 마음속의 객기부터 다스려야 하니 기운이 평정되면 외부의 횡포가 침입하지 못한다.

[강의]

마귀는 일정한 종류가 있어서 어떤 일에나 오래도록 마귀의 행동을 하는 것이 아니고, 자신의 마음이 어리석어 외부 사물의 진상을 제대로 살피지 못해서 어리석은 마음이 한 곳으로 치우쳐 여러 가지 마귀의 생각을 일으키는 것이므로, 마음속에 의혹이 일어나면 접하는 것은 다 마귀가 되고 생각을 그만두면 모든 마귀가 사라진다. 그렇다면 마귀는 자신의 마음이 멋대로 만들어내는 것이므로, 내가 마귀라는 생각을 지우지 않고 상대하면 마귀 역시 나에 대해 자신의 마력을 거두지 않을 것이다. 따라서 외부의 마귀를 항복시키려면 먼저 마음을 복종시켜서 외부 사물을 마귀로 생각하지 않아야 하니, 자신의 마음을 이겨서 마귀에 대한 생각을 없애면 모든 마귀가 물러나서 자신의 명령을 듣고 따를 것이다. 다른 사람의 횡포는 나 자신의 가벼운 객기로 인해 힘을 내는 것이니, 횡포를 물리치려면 먼저 자신의 객기를 억제하여 평온하고 담백하게 참고 받아들이면 외부의 횡포가 저절로 흩어져 침입하지 못하게 된다.

21.

欲路上事, 毋樂其便而姑爲染指, 一染指, 便深入萬仞,
(욕로상사 무락기편이고위염지 일염지 편심입만인)
理路上事, 毋憚其難而稍爲退步, 一退步, 便遠隔千山.
(이로상사 무탄기난이초위퇴보 일퇴보 편원격천산)

[독해]

욕망에 따르는 일은 그 편안함을 즐기게 되므로 아예 손가락에 묻히지 않아야 하니, 한 번 손가락에 묻히면 만 길 깊은 구렁에 빠진다. 도리를 따르는 일은 어렵다고 조금도 물러서면 안 되니, 한 걸음 물러서면 천 개의 산 너머처럼 멀어진다.

[강의]

욕망의 감정에 따르는 일은 편하고 쉬우나 그 편함을 즐겨서 잠시라도 그 맛에 물들게 되면 안 되니, 한 번 손가락에 묻히면 차츰 그 맛을 탐하여 만 길 깊은 욕정의 구렁에 빠지고, 도리를 따르는 일은 실행하기 어려우나 그 어려움을 꺼려서 조금도 물러서면 안 되니, 한 번이라도 물러서면 점점 멀어져서 자신과 도리 사이의 거리가 천 개의 산 너머처럼 멀어져서 도리에 맞게 되돌아 갈 수가 없다.

學者要收拾精神, 并歸一處,
(학자요수습정신 병귀일처)

如修德, 而留意於事功名譽, 必無實詣,
(여수덕 이유의어사공명예 필무실예)

讀書, 而奇興於吟咏風雅, 定不深心.
(독서 이기흥어음영풍아 정불심심)

[독해]

배우는 사람은 정신을 모아서 한 곳만 몰두해야 하고, 만약 덕을 닦아도 뜻이 공과 명예에 있으면 반드시 진실하지 못하며, 글을 읽어도 시를 읊고 풍류를 즐기기만 하면 깊이 깨닫지 못한다.

[강의]

공부를 하는 사람은 정신을 흩트리지 말고 오직 한 곳으로만 몰두하여 공부에 전념해야 하니, 도와 덕을 닦는 사람이 공로와 명예를 좇으면 도와 덕을 닦을 수 없고, 책을 읽는 사람이 그 깊은 뜻에 전념하지 않고 시를 읊고 풍류를 즐기기만 하면 절대로 깊은 마음으로 깨닫지 못한다.

23.

人人有個大慈悲, 維摩屠劊, 無二心也,
(인인유개대자비 유마도회 무이심야)

處處有種眞趣味, 金屋茅簷, 非兩地也,
(처처유종진취미 전옥모첨 비량지야)

只是欲蔽情封, 當面錯過, 使咫尺千里矣.
(지시욕폐정봉 당면착과 사지척천리의)

[독해]

사람마다 모두 큰 자비심을 가지고 있으니 유마와 도회의 마음이 따로 다르지 않고, 사는 곳마다 모두 저마다의 참된 취미가 있으니 황금으로 지은 집과 초가집이 다르지 않다. 다만 욕심에 덮이고 욕정에 어두워 잘못 하면 지척이 천리가 되는 것이다.

[강의]

사람은 누구나 본심에 큰 자비가 있다. 유마는 덕이 높은 불제자이고 도회는 생명을 죽이는 잔인한 일을 하는 도수이지만, 이 두 사람의 자비로 운 본심은 같아서 마음이 다르지 않으니, 맹자가 '사람은 누구나 다른 사람 에게 참지 못하는 마음이 있다.'고 말한 것이 그것이다. 열반에 드는 법회 석상에서 백정이 칼을 던져버리고 그 자리에서 부처가 되었는데, 이것은 백정에게도 대자비의 불성이 있다는 증거이고, 또 어느 곳을 막론하고 유일하고 변하지 않는 참된 취미가 있으니, 벽을 금으로 장식한 화려한 궁전과 짚으로 처마를 인 초가집이 인위적인 형식은 다르지만 천연의 취미 는 다르지 않은 것과 같은 것이다. 그러면 왜 넓고 큰 자비심은 같은데 유마와 도회의 차이가 나며, 참된 취미는 같은데 궁전과 오막살이에 대한 감정의 차이가 있는가. 이것은 물욕에 가로막히고 허망한 생각에 묶여 본심과 참된 취미를 알지 못하여 눈앞에 두고도 지나쳐버리는 잘못 때문이니, 그런 착오는 하나의 생각이 지척만큼 잘못된 데서 시작하지만 그 잘못의 결과는 천 리 만큼의 현격한 차이를 만든다.

24.

進德修道, 要個木石的念頭, 若一有欣羨, 便超欲境,
(진덕수도 요개목석적염두 약일유흔선 변초욕경)

濟世經邦, 要段雲水的趣味, 若一有貪著, 便墮危機.
(제세경방 요단운수적취미 약일유탐저 변타위기)

[독해]

덕을 쌓고 도를 닦으려면 목석같은 마음을 가져야 하니, 만일 한 번이라도 부러워하고 좋아하는 마음이 일면 곧장 욕심에 빠지고, 세상을 구제하고 나라를 다스리려면 구름이나 물 같은 취미를 가져야 하니, 만일 한 번이라도 탐욕에 집착하면 금방 위기에 떨어진다.

[강의]

도와 덕을 닦고 배우는 사람은 감정이 없는 나무나 돌처럼 물욕으로 인한 잡념을 끊어야 하니, 만약 사물에 대해서 좋아하고 부러운 마음이 생기면 탐욕에 몰입하여 도와 덕을 닦지 못하게 된다. 세상을 구제하고 나라를 다스리는 사람은 담백한 구름과 물 같은 취미를 가지고 냉철한 판단과 공평한 마음으로 일을 처리해야 하니, 만일 명예나 이익이나 권세를 탐내고 집착하면 위기에 떨어져서 일을 이루지 못하게 된다.

25.

肝受病, 則目不能視, 腎受病, 則耳不能聽,
(간수병 즉목불능시 신수병 즉이불능청)

病受於人所不見, 必發於人所共見,
(병수어인소불견 필발어인소공견)

故君子欲無得罪於昭昭, 先無得罪於冥冥.
(고군자욕무득죄어소소 선무득죄어명명)

[독해]

간이 병들면 눈이 멀고 신장이 병들면 귀가 들리지 않는다. 병은 사람이 볼 수 없는 곳에서 생겨 모든 사람이 볼 수 있는 곳에 나타나니, 그러므로 군자는 밝은 곳에서 죄가 없으려면 먼저 어두운 곳에서 죄가 없어야 한다.

[강의]

눈은 간에 연결되어서 간이 나빠지면 눈의 기능이 떨어지고, 귀는 신장에 연결되어서 신장이 나쁘면 귀의 기능이 떨어지니, 병은 사람이 보지 못하는 내부에서 생겨나서 반드시 모두가 볼 수 있는 겉으로 나타난다. 사람의 일도 이와 같아서 숨겨둔 생각은 반드시 하는 일에 나타나고, 혼자 하던 습관은 반드시 여러 사람 앞에 드러나니, 따라서 군자는 밝은 곳에서 죄를 짓지 않으려면 어두운 곳에서 조심해야 한다.

26.

我有功於人, 不可念, 而過則不可不念,
(아유공어인 불가념 이과즉불가불념)
人有恩於我, 不可忘, 而怨則不可不忘.
(인유은어아 불가망 이원즉불가불망)

[독해]

내가 다른 사람에게 잘한 것은 생각하지 말고 잘못한 일은 곧바로 마음에 두어야 하며, 다른 사람이 나에게 베푼 것은 잊지 말고 원한은 곧바로 잊어버려야 한다.

[강의]

내가 다른 사람에게 준 공덕이 있으면 그 보상을 기대하면 안 되고, 따라서 그 공덕을 염두에 두면 안 되지만, 다른 사람에게 잘못한 것이 있으면 그것을 고치기 위해서 절대로 잊어서는 안 되며, 다른 사람이 나에게 은혜를 베풀면 그 은혜를 갚기 위해서 결코 잊어서는 안 된다. 만약에 다른 사람이 나에게 원한을 가지면 바로 잊어버리고 원수를 갚지 말아야 하니, '군자는 원한을 원한으로 갚지 않고 덕으로 원한을 갚는다.'는 옛말이 이런 말이다.

27.

心地乾淨, 方可讀書學古, 不然, 見一善行竊以濟私,
(심지건정 방가독서학고 불연 견일선행절이제사)

聞一善言, 假以簿短, 是又藉寇兵, 而齎盜糧矣.
(무일선언 가이부단 시우자구병 이재도량의)

[독해]

마음의 바탕이 깨끗해야 글을 읽고 옛것을 배울 수 있으니, 그렇지 않으면 한 가지 착한 행동을 보고 그것을 훔쳐 자기 욕심을 채우고, 한 가지 착한 말을 듣고 그것을 빌려서 자기 단점을 덮을 것이니, 이것은 도둑에게 무기를 빌려 주고 양식을 대주는 것이다.

[강의]

마음속의 티끌을 씻어내어 맑고 깨끗해야만 좋은 글을 읽으며 옛 성현의 뜻을 배울 수 있다. 마음이 깨끗하지 못한 사람은 글 속에서 하나의 선행을 보면 그것을 훔쳐서 사적인 일에 이용하여 몰래 자신의 행동을 선행으로 치장하고, 옛사람의 좋은 말을 하나 들으면 그것을 빌려서 자신의 단점을 감싸고 좋은 말로 가려버린다. 다른 사람의 선행을 절취해서 자신의 일을 구제하면 이것은 사사로움을 더 사사롭게 만드는 것이고, 다른 사람의 좋은 말을 빌려서 자신의 단점을 덮으면 이것은 단점에 단점을 더하는 것이니, 이것은 도둑에게 무기를 대주고 양식을 대주는 것과 같다.

28.

奢者富而不足, 何如儉者貧而有餘,
(사자부이부족 하여검자빈이유여)
能者勞而伏怨, 何如拙者逸而全眞.
(능자노이복원 하여졸자일이전진)

[독해]

사치스러운 사람은 부유해도 만족하지 못하니, 어찌 검소한 사람이 가난하면서도 여유가 있는 것 만할 수 있고, 유능한 사람은 애를 써도 다른 사람의 원망을 받으니, 어찌 부족한 사람이 안일하면서도 진실을 온전하게 갖고 있는 것과 같겠는가.

[강의]

사치스러운 사람은 욕심이 자꾸 늘어서 부유해도 만족하지 못하고, 검소하고 절약하는 사람은 바라는 마음이 없어서 가난해도 여유가 있으니, 사치스러운 사람이 부유해도 만족하지 못하는 것은 검소한 사람이 가난해도 여유가 있는 것 같지 못하다. 재능이 있어도 덕이 없는 사람은 다른 사람이나 사물을 위해서 애를 쓰면서도 때때로 다른 사람의 원망을 받고, 부족한 사람은 쓸데가 없어서 편히 놀면서도 그대로 참모습을 보전하니, 유능한 사람이 원한을 사는 것은 부족한 사람이 참모습을 보전하는 것만 못하다.

29.

讀書, 不見聖賢, 爲鉛槧傭, 居官, 不愛子民, 爲衣冠盜,
(독서 불견성현 위연참용 거관 불애자민 위의관도)

講學, 不尙躬行, 爲口頭禪, 立業, 不思種德, 爲眼前花.
(강학 불상궁행 위구두선 입업 불사종덕 위안전화)

[독해]

책을 읽어도 성현을 보지 못한다면 글을 베끼는 도구이고, 벼슬자리에 있어도 백성을 자식처럼 사랑하지 않으면 의관을 갖춘 도둑이며, 학문을 강론해도 몸소 행하지 않으면 입에 발린 말일 뿐이고, 업적을 세워도 덕을 심을 생각을 하지 않으면 그것은 눈앞의 꽃과 같다.

[강의]

책을 읽어도 성현의 정신적 참모습을 꿰뚫어 보지 못하고 다만 문장의 구절만 취하면 연필과 종이에 글자를 베끼는 사람과 같고, 벼슬자리에 있으면서 백성을 친자식처럼 사랑하며 구휼하지 않고 봉급만 받으면 이것은 의관을 갖춘 도둑과 같으며, 학문을 연구해도 그 아름다운 말과 좋은 행동을 실천하지 않으면 실력 없는 수행자가 높은 뜻이 담긴 선종의 문구를 입으로만 외는 것과 같으니, 공적을 세워도 후대까지 길이 누릴 음덕을 쌓지 못하면 그 공적은 피었다가 곧 사라져버리는 눈앞의 꽃과 같다.

人心有一部眞文章, 都被殘編斷簡封錮了,
(인심유일부진문장 도피잔편단간봉고료)

有一部眞鼓吹, 都被妖歌艶舞湮沒了,
(유일부진고취 도피요가염무인몰료)

學者須掃除外物, 直覓本來, 裳有個眞受用.
(학자수소제외물 직멱본래 상유개진수용)

[독해]

사람 마음에는 참된 문장이 있건만 낡고 쓸데없는 글 때문에 갇혀버리고, 한 가락의 참된 풍악이 있건만 요염한 노래와 춤 때문에 파묻혀 있으니, 배우는 사람은 모름지기 외부의 사물을 털어버리고 뿌리를 찾아야 비로소 참된 배움이 있다.

[강의]

사람의 본심은 많은 이치를 갖추어 만사에 대응하는 것이다. 따라서 모든 사람의 마음에는 본래부터 신묘하고 뛰어난 하나의 참 문장을 갖추고 있으니, 불교 책에 '나에게 경전이 한 권 있는데 종이와 먹으로 만든 것이 아니어서 펴보면 글자 하나 없지만, 항상 밝게 빛을 낸다.'는 어구가 곧 마음속의 참 문장을 말하는 것이다. 글을 배우는 사람들이 이런 참 문장을 자유롭게 활용하지 못하고 옛 사람이 버린 서책만 뒤지다가 낡고 떨어진 책장 속에 자신의 마음속 참 문장을 묻어버리게 되고, 또 사람들의 마음속에 오묘한 곡조의 참된 풍악이 있는데 도리어 기생이나 배우의 요염한 가무에 묻혀 연기처럼 사라지니 참 애석한 일이다. 배우는 사람들은 모름지기 낡고 떨어진 책장과 요염한 가무 같은 외부 사물을 치우고 본래 갖추고 있는 참 문장과 풍악 등을 습득하면 무궁한 참 배움을 얻게 된다.

31.

富貴名譽, 自道德來者, 如山林中花, 自是舒徐繁衍,
(부귀명예 자도덕래자 여산림중화 자시서서번연)

自功業來者, 如盆檻中花, 便有遷徙廢興.
(자공업래자 여분함중화 변유천사폐흥)

若以權力得者, 如瓶鉢中花, 其根不植, 其萎可立而待矣.
(약이권력득자 여병발중화 기근불식 기위가립이대의)

[독해]

부귀와 명예가 도와 덕에서 얻어지는 것은 산림의 꽃과 같아서 저절로 자라서 번성하고, 공으로 쌓은 업적은 화분 속의 꽃처럼 옮기면 흥미가 없어지며, 만일 권력으로 얻으면 병 속의 꽃처럼 그 뿌리를 심지 못해 시들기만 기다린다.

[강의]

부귀와 명예는 얻게 된 원인에 따라서 그것을 누리는 기간도 달라지니, 도덕으로 얻은 부귀와 명예는 산림에서 자연히 피어난 꽃이 뿌리가 깊고 가지가 무성해서 서서히 번성하는 것처럼 누리는 기간이 가장 길고, 공적으로 얻은 부귀와 명예는 화분에 심은 꽃이 인공적인 배양의 변화를 따라서 옮기고 버리고 키우는 것처럼 누리는 기간이 길지 못하며, 한 때의 권력이 원인이 되어 얻은 부귀와 명예는 가지를 꺾어서 병에 꽂아 놓은 꽃이 그 뿌리를 심지 못해 곧 시들어 버리는 것 같아 누리는 기간이 가장 짧다.

32.

棲守道德者, 寂寞一時, 依阿權勢者, 凄凉萬古,
(서수도덕자 적막일시 의아권세자 처량만고)

達人觀物外之物, 思身後之身,
(달인관물외지물 사신후지신)

寧受一時之寂寞, 毋取萬古之凄凉.
(영수일시지적막 무취만고지처량)

[독해]

도덕을 지키면서 사는 사람은 한 때 적막하고, 권세에 의지하여 아첨하는 사람은 영원토록 처량하며, 깨달은 사람은 사물 밖의 사물을 보며 죽은 뒤의 자신을 생각하게 되니, 차라리 한 때 적막하더라도 영원히 처량해지지는 않아야 한다.

[강의]

일생을 도덕 속에 살면서 지조를 지키는 사람은 부귀와 명예와 이익을 무시하고 단사표음으로 누추한 집에 살면서 그런 즐거움을 바꾸려 하지 않거나, 또는 시세와 물정에 맞지 않아 불우한 신세가 되어 곤란 속에 생애를 마치기 쉬워 한때나마 적막함이 매우 심하지만, 이러한 사람은 반드시 도덕적인 아름다운 이름을 후세에 전하고 역사에 남을 것이다. 만일 노예 같은 자세로 권력에 아부하여 구차하게 관직과 명예와 이익을 꾀하면 비록 한때는 부귀영화를 누리겠지만, 후세 사람들의 손가락질을 면치 못해 영원히 처량하게 되니, 깨달은 사람은 유한한 형태의 사물 밖에 무궁한 도덕적 사물이 있다는 것을 알고, 유한한 육신 뒤에 무한한 정신이 있다는 것을 생각해야 하며, 따라서 도덕을 지켜 한때 적막하더라도 권세에 기대고 아부하며 만고에 처량하게 되는 일은 피해야 한다.

33.

春至時和, 花尙鋪一段好色, 鳥且囀幾句好音,
(춘지시화 화상포일단호색 조차전기구호음)

士君子幸列頭角, 復遇溫飽,
(사군자행렬두각 부우온포)

不思立好言行好事, 雖是在世百年, 恰似未生一日.
(불사입호언행호사 수시재세백년 흡사미생일일)

[독해]

봄이 되어 날씨가 화창하면 꽃도 아름다운 색으로 피어나고 새도 몇 마디 듣기 좋은 소리로 지저귀니, 사군자가 다행히 세상에 알려져서 따뜻하고 배부르게 살면서 좋은 말과 좋은 일을 할 생각이 없으면, 비록 백년을 산다고 해도 하루도 살지 못한 것과 같다.

[강의]

봄이 되어 날씨가 화창하면 감정이 없는 꽃도 활짝 피어서 고운 빛을 띠고 새도 멋모르게 몇 마디 듣기 좋은 소리로 지저귀니, 이것은 어리석은 미물들도 때를 만나 제 할 일을 하면서 동시에 사람의 귀와 눈을 즐겁게 하는 것이다. 만물의 영장이 되는 사람 중에 중요한 위치를 차지하는 사군자가 두각을 나타내어 다른 사람보다 앞선 위치에 있고 의식주에 여유가 있으면서, 세상에 모범이 될 만한 좋은 말을 하지 않고 사람들의 본보기가 될 만한 일을 하지 않는다면 어찌 꽃과 새에게 부끄럽지 않겠는가. 이런 사람은 비록 백년을 살아도 하루도 살지 못한 것과 같다.

34.

眞廉無廉名, 立名者正所以爲貪,
(진염무염명 입명자정소이위탐)

大巧無巧術, 用術者乃所以爲拙.
(대교무교술 용술자내소이위졸)

[독해]

참된 청렴은 청렴하다고 이름이 나지 않으니 이름이 나게 되는 것은 바로 탐내는 마음이 있기 때문이고, 큰 기술은 정교한 기술이 따로 없으니 기술을 쓰는 것은 솜씨가 부족하기 때문이다.

[강의]

참된 청렴을 실천하는 사람은 명예를 내세우지 않으니, 청렴을 내세우는 것은 바로 명예를 탐내는 것이지 진실로 청렴한 것이 아니고, 지극히 기술이 뛰어난 사람은 정교한 기술이 없으니, 온갖 도구로 기술을 부리는 사람은 그런 기술이 없으면 솜씨를 부리지 못한다. 그것은 부족한 탓이니, '지극히 둥근 것은 도구가 필요 없고 지극히 모난 것은 곱자가 필요 없다.'는 옛말이 있다.

35.

心體光明, 暗室中有靑天,
(심체광명 암실중유청천)

念頭暗昧, 白日下有厲鬼.
(염두암매 백일하유여귀)

[독해]

마음과 몸이 밝으면 어둔 방에서도 푸른 하늘이 있고, 생각이 어둡고 우매하면 한낮에도 무서운 귀신이 나온다.

[강의]

사람의 몸과 마음이 바르고 떳떳하여 조그만 거짓이라도 없다면 어둔 방에 있어도 밝고 푸른 하늘을 보는 것과 같고, 생각이 어둡고 어리석어 거꾸로 보며 의심하고 불안해지면 밝은 한낮에 있어도 음험한 굴속에서 귀신을 대하는 것 같으니, 불교 책에 '마음이 천당을 만들고 지옥을 만든다.'고 한 것이 이것을 말한 것이다.

36.

爲惡而畏人知, 惡中猶有善路,
(위악이외인지 악중유유선로)

爲善而急人知, 善處卽是惡根.
(위선이급인지 선처즉시악근)

[독해]

나쁜 일을 하고 다른 사람이 알까 두려워하는 것은 나쁜 것에도 착한 길이 있다는 것이고, 착한 일을 하고 남에게 알리기에 다급한 것은 착한 것이 곧 악의 근본이라는 것이다.

[강의]

사람이 나쁜 일을 하고 남이 알까 두려워하는 것은 사람의 마음속에서 나쁜 짓을 하면 안 된다는 수치심을 아는 것이니, 이것은 뉘우치기 쉬운 성품이라 나쁜 것 속에도 일단은 개선할 길이 있다는 것이고, 착한 일을 하면서 다른 사람들이 몰라줄까 걱정되어 다급하게 퍼트려서 다른 사람들이 알게 하는 것은 명예와 이익을 좇는 사욕에서 나오니, 이것은 이익을 탐내는 욕망의 나쁜 뿌리이다.

37.

天地機緘不測, 抑而伸, 伸而抑, 皆是播弄英雄, 顚倒豪傑處,
(천지기함불측 억이신 신이억 개시파롱영웅 전도호걸처)
君子只是逆來順受, 居安思危, 天亦無所用其伎倆矣.
(군자지시역래순수 거안사위 천역무소용기기량의)

[독해]

하늘의 조화는 헤아릴 수가 없어서 억눌렀다가 펴고 폈다가 억누르니,
이것이 모두 영웅을 우롱하고 호걸을 거꾸러뜨리는 것이다. 군자는 운명이
역경에 빠져도 순리로 받고 편안하게 지내면서 위험을 생각하니, 하늘도
그 기량을 부릴 데가 없다.

[강의]

하늘의 기함은 조물주가 사람과 사물에 대한 운명의 길흉을 결정하는
기제인데, 그 운용이 오묘하여 사람의 지식으로 알 가 없고, 사람과 사물의
운명을 처음에는 억눌러서 곤란하게 하고 뒤에는 펴게 해서 출세하게 하
며, 처음에는 뜻을 이루게 하고 뒤에는 억눌러 실패하게 해서 영웅과 호걸
의 일생을 우롱하고 반전시켜서 올리기도 하고 내리기도 한다. 사천의
유방이 갑자기 출세해서 한나라 태조가 되고, 프랑스의 황제 나폴레옹이
하루아침에 몰락해서 외딴 섬의 죄수가 되니, 이렇게 억누르고 펴는 것이
예측할 수 없는 조화지만, 군자는 다가오는 역경을 순순히 받아들이고
편안할 때 미리 위기를 생각하여 얻거나 잃거나 나아가거나 물러날 때를
파악하고 운명에 휘둘리지 않으니, 비록 알 수 없는 조화를 부리는 하늘도
그 기량을 부릴 수 없다. 영웅과 군자의 차이는 영웅은 야심과 사욕이
있어서 운명에 휘둘리지만 군자는 그렇지 않고 공명정대하여 운명에서
벗어나니, 그렇다면 군자의 도덕이 영웅의 권능보다 더 나은 것이다.

38.

福不可徼, 養喜神, 以爲招福之本,
(복불가요 양희신 이위초복지본)
禍不可避, 去殺機, 以爲遠禍之方.
(화불가피 거살기 이위원화지방)

[독해]

복은 얻으려고 해서 얻어지지 않으니 베풀어서 복을 부르는 근본으로
삼아야 하고, 화는 피한다고 해서 피해지지 않으니 살생의 기회를 없애
서 화를 멀리하는 방책으로 삼아야 한다.

[강의]

복을 받는 참된 원인을 쌓지 않고 한낱 행복의 결과만 갈구하면 얻을
수 없으니, 착하고 베푸는 정신을 길러서 복을 받는 근본으로 해야 하고,
재난과 화의 원인을 만들어 재난과 화의 결과와 응보를 다행히 면하고
교묘하게 피하려고 하면 피할 수 없으니, 해치고 죽이려는 심기를 없애
서 화를 물리치는 방법으로 삼아야 한다.

39.

天地之氣暖則生, 寒則殺, 故性氣清冷者, 受享亦凉薄,
(천지지기난즉생 한즉살 고성기청랭자 수향역양박)

唯氣和心暖之人, 其福亦厚, 其澤亦長.
(유기화심난지인 기복역후 기택역장)

[독해]

천지의 기운이 따뜻하면 살고 추우면 죽게 되니, 따라서 성품과 기운이 차가운 사람은 받는 복도 적고, 기운과 마음이 따뜻한 사람은 복도 많이 받고 혜택도 오래 간다.

[강의]

천지의 기운이 따뜻하면 만물이 생겨나 자라고, 추우면 만물이 시들어 죽으니, 사람의 성품과 기운도 이와 같아서 성품과 기운이 너무 차고 메마르면 사물을 구제하고 베푸는 덕이 모자라기 때문에 그 반대로 얻어 누리는 복도 적으며, 성품과 기운이 화창하고 마음이 따뜻한 사람은 사물을 관용하고 회유하는 자애심이 많기 때문에 되받아서 누리는 복도 많이 받고 미치는 혜택이 오래간다.

40.

天理路上甚寬, 稍遊心, 胸中便覺廣大宏郞,
(천리로상심관 초유심 흉중편각광대굉랑)
人欲路上甚窄, 纔寄迹, 眼前俱是荊棘泥塗.
(인욕로상심착 재기적 안전구시형극니도)

[독해]

하늘의 도리를 여는 길은 한없이 너그러워서 거기에 마음을 두면 가슴속
이 트이고 밝아짐을 느낄 수 있고, 사람의 욕망을 여는 길은 매우 좁아서
겨우 발을 디디면 눈앞이 모두 가시덤불과 진흙탕이다.

[강의]

하늘의 도리란 본연의 도리이고, 그 도리를 여는 길은 매우 넓게 트여
왜곡되고 막힐 염려가 없으니 마음을 거기에 두면 가슴속이 넓게 트이고
밝아져서 조금도 가로막는 번뇌가 없고, 하늘의 도리에 상반되는 사람의
욕망을 여는 길은 매우 좁아서 행적을 거기에 두면 나아가는 길이 험해서
가시덤불과 진흙탕 같으니, 가시덤불과 진흙탕 같은 사람의 욕망을 없애고
넓게 트여서 막히지 않는 하늘의 도리를 따라야 한다.

41.

一苦一樂相磨練, 練極而成福者, 其福始久,
(일고일락상마련 연극이성복자 기복시구)

一疑一信相參勘, 勘極而成知者, 其知始眞.
(일의일신상참감 감극이성지자 기지시진)

[독해]

괴로움과 즐거움이 서로 단련해서 충분히 단련된 것은 그 복이 오래가고, 의심과 믿음이 서로 참조하고 살펴서 지식을 이룬 것은 그 지식이 참된 것이다.

[강의]

갑작스런 재물과 횡재와 복은 오래 가지 못하니, 괴로움과 즐거움을 여러 번 겪고 단련되어 고난의 찌꺼기를 씻어내서 행복의 근본을 튼튼히 한 뒤에 성취한 행복과 즐거움은 오래 누릴 수 있고, 사물을 피상적으로 아는 것은 참된 지식이 아니며, 의심과 믿음을 참작하고 검토하며 연구를 다하여 조금의 의혹도 없어진 뒤에 성취한 지식이 의혹과 오해가 없는 참된 지식이니, 편하고 게으르면서 분수에 벗어난 행복과 즐거움을 바라며 연구도 하지 않고 함양도 없이 헛된 생각으로 우연한 깨달음을 얻길 바라는 사람을 어리석지 않다고 하겠는가.

42.

地之穢者多生物, 水之淸者常無魚,
(지지예자다생물 수지청자상무어)

故君子當存含垢納汚之量, 不可持好潔獨行之操.
(고군자당존함구납오지량 불가지호결독행지조)

[독해]

더러운 땅에는 많은 생물이 자라고 맑은 물에는 항상 물고기가 없으니, 따라서 군자는 더러운 것을 품고 받아들이는 도량을 가져야 하고, 고결한 것을 좋아해서 홀로 행동하는 절조를 가지면 안 된다.

[강의]

더러운 땅에는 여러 가지 식물들이 살고 맑고 깨끗한 물에는 물고기가 모여 살지 않으니, 따라서 군자는 널리 너그러워서 더러운 것을 품고 받아들이는 도량을 가져야 백성과 만물을 이롭게 하는 업적을 이루게 되므로, 너무 고결한 것을 좋아해서 홀로 행동하는 절조로 자신만 만족하면 안 되는 것이다.

43.

人只一念貪私, 便銷剛爲柔, 塞智爲昏,
(인지일념탐사 변초강위유 색지위혼)

變恩爲慘, 染潔爲汚, 壞了一生人品,
(변은위참 염결위오 괴료일생인품)

故古人以不貪爲寶, 所以度越一世.
(고고인이불탐위보 소이도월일세)

[독해]

　사람이 오직 사사로운 이익을 탐내는 마음을 가지면 굳센 기상이 나약해지고 지혜는 막혀 어두워지며, 자비로움이 변해서 무자비해지고 깨끗함이 더럽게 물들어서 한평생 닦은 인품이 무너진다. 그러므로 옛사람들은 탐내지 않는 것을 보배로 삼았으니 이것이 한 세상을 초월하는 것이다.

[강의]

　사람이 한 번의 생각으로 사적인 욕심에 물들어 애를 쓰면 그 욕심으로 인해서 마음이 변하게 되니, 굳센 기상이 녹아 유약해지고 명찰한 지혜가 막혀 어리석고 어두워지며, 자비로운 마음이 변하여 무자비해지고 깨끗한 마음이 더럽게 물들어 평생의 인품을 망친다. 그러므로 옛 현인들은 금·은 옥·비단을 보물로 여기지 않고 탐하지 않는 것을 보배로 삼았으니 이것이 한 세상을 초월할 수 있는 것이다.

44.

耳目見聞爲外賊, 情欲意識爲內賊,
(이목견문위외적 정욕의식위내적)

只是主人翁, 惺惺不昧, 獨坐中堂, 賊便化爲家人矣.
(지시주인옹 성성불매 독좌중당 적변화위가인의)

[독해]

귀와 눈으로 듣고 보는 것은 외부의 도둑이고 감정과 욕망과 의지와 인식은 내부의 도둑이니, 주인인 마음이 슬기로워 탐하지 않고 홀로 중심을 잡고 앉으면 도둑도 집안 식구가 된다.

[강의]

귀는 소리를 듣고 눈은 형상을 보는데, 귀와 눈의 근본과 소리와 형상의 경계가 서로 현혹되어 본성의 미덕을 잃게 되므로 밖에 있는 도적과 같고, 감정과 욕망과 의지와 인식은 여러 가지 망상을 일으켜 속세에 집착하고 좋고 나쁜 것을 구별하고 어지럽혀서 참된 마음의 투명함을 해치므로 안에 있는 도적과 같다. 그러나 주인인 본심이 슬기로워 탐하지 않고 몸의 중심을 의젓하게 잡고 앉아 바깥 사물의 견제를 받지 않고 주동적인 명령을 내리면 안과 밖의 도적이 변하여 말을 잘 듣는 한 식구처럼 된다.

45.

氣象要高曠, 而不可疎狂, 心思要縝密, 而不可瑣屑,
(기상요고광 이불가소광 심사요진밀 이불가쇄설)

趣味要冲淡, 而不可偏枯, 操守要嚴明, 而不可激烈.
(취미요충담 이불가편고 조수요엄명 이불가격렬)

[독해]

기상은 높고 넓어야 하지만 소홀하면 안 되고, 심사는 신중하고 빈틈이 없어야 하지만 자질구레하면 안 되며, 취미는 담백한 것이 좋지만 지나치게 메마르면 안 되고, 지조는 엄격하고 밝아야 하지만 과격하면 안 된다.

[강의]

사람의 기상은 높고 밝게 깨쳐서 세속에 묶이지 않아야 하나 도가 지나쳐서 소란하고 산만하며 방만하고 거만하면 안 되고, 마음과 생각은 조심스럽고 빈틈이 없이 일을 하면서 소홀히 하여 실수가 없어야 하나 도가 지나쳐 사소한 것에 집착하면 안 되며, 취미는 담백해야 하되 감정과 욕망에 빠지지 말고 도가 지나쳐 고립되어 메마르면 안 되고, 지조를 지키는 것은 엄격하고 분명하되 적개와 의리에 흠이 없어야 하고 지나치게 과격하지 않아야 한다.

46.

風來疎竹, 風過而竹不留聲, 雁度寒潭, 雁去而潭不留影,
(풍래소죽 풍과이죽불유성 안도한담 안거이담불유영)

故君子事來而心始現, 事去而心隨空.
(고군자사래이심시현 사거이심수공)

[독해]

성긴 대나무밭에 바람이 불어도 바람이 지나가면 대나무에는 소리가 머물지 않고, 기러기가 차가운 연못을 건너가도 기러기가 건너가면 그림자가 연못에 머물지 않으니, 따라서 군자도 일이 있어야 마음이 비로소 나타나고 일을 마치면 마음도 따라서 비게 된다.

[강의]

바람이 불어오면 성긴 대나무밭에 바람소리가 나지만, 바람이 지나가면 소리가 머물지 않고, 기러기가 차가운 연못을 날아 건너면 연못에 기러기의 그림자가 비치지지만 날아가 버리면 그림자가 남지 않는다. 군자의 마음도 이와 같아서 사물이 생기면 마음이 일어서 그 사물에 대응하여 처리하고 사물이 없어지면 마음도 비어 집착하고 연연해하지 않으니, 대응하고 다시 본 모습으로 돌아오는 것을 마음대로 하는 것이다.

47.

清能有容, 仁能善斷, 明不傷察, 直不過矯,
(청능유용 인능선단 명불상찰 직불과교)

是謂蜜餞不餂, 海味不醎, 纔是懿德.
(시위밀전불첨 해미불함 재시의덕)

[독해]

청렴하고 포용력이 있으며 어질고 결단력이 있으며 총명하면서 지나치게 살피지 않고 정직하면서 지나치게 따지지 않으면, 이것을 꿀을 넣은 죽이 달지 않고 해산물이 짜지 않다는 것이니 이것이 바로 아름다운 덕인 것이다.

[강의]

청렴한 사람의 단점은 사물을 포용하는 아량이 부족하기 쉬우니 포용력을 가져야 하고, 어진 사람의 단점은 일에 대한 결단을 내리는 용기가 부족하기 쉬우니 결단력을 가져야 하며, 사리에 밝은 사람은 사소한 일에 대해 너무 자세히 살펴 빠져들기 쉬우니 그렇지 않도록 하고, 강직한 사람은 너무 완고하여 남의 실수를 바로 잡으려는 세심한 마음이 부족하기 쉬우니 완고하지 않아야 하니, 청렴하면서도 포용력 있고, 어질면서도 결단력 있으며, 사리에 밝으면서도 따지지 않고, 강직하면서 강요하지 않는다면, 이것은 꿀을 넣은 죽이 너무 달지 않고 해산물이 너무 짜지 않은 것과 같으니 바로 중도의 덕인 것이다.

48.

貧家淨掃地, 貧女淨梳頭, 景色雖不艶麗, 氣度自是風雅,
(빈가정소지 빈녀정소두 경색수불염려 기도자시풍아)

士君子, 當窮愁蓼落, 奈何輒自廢弛哉.
(사군자 당궁수료락 내하첩자폐이재)

[독해]

가난한 집의 마당을 깨끗이 쓸고 가난한 여자가 머리를 빗으면 그 정경이 비록 화려하지는 않아도 그 기품이 우아할 것이니, 사군자가 가난하고 애달프며 쓸쓸하고 적막하다고 어찌 스스로 피폐해지고 해이해질 것인가.

[강의]

가난한 집이라도 깨끗하게 마당을 쓸고 가난해도 여자가 머리를 빗어 단장하면, 그 가난한 정경이 화려하지는 않아도 깨끗한 품위는 스스로 멋이 있어 우아하고 담백할 것이다. 사군자가 한 때 불운으로 가난해서 애달프며 쓸쓸하고 적막한 처지에 있어도, 어찌 스스로 피폐해지고 해이해져서 수신하여 지조를 지키며 일을 처리함에 불변의 도리를 잃겠는가. 비록 가난해서 애달프며 쓸쓸하고 적막한 처지라도 스스로 근면하고 새로워지려고 애쓰면, 그 행동이 쾌활하지는 못해도 그 품고 있는 생각이 어찌 자세하고 굳세지 않겠는가. 가난한 집이라도 마당을 깨끗하게 쓸고 가난해도 여자가 머리를 단정하게 빗는데, 어찌 큰일을 하는 대장부가 한 때의 실패를 감당하지 못해 스스로 피폐해지고 해이해질 것인가.

49.

閑中不放過, 忙中有受用, 精中不落空, 動中有受用,
(한중불방과 망중유수용 정중불락공 동중유수용)

暗中不欺隱, 明中有受用.
(암중불기은 명중유수용)

[독해]

한가해도 놀지 않으면 바쁠 때 수용이 되고, 가만히 있어도 공허에 빠지지 않으면 일하면서 수용이 되며, 어두워도 속이고 숨기지 않으면 밝아서 도움이 된다.

[강의]

한가해서 일이 없더라도 놀면서 지내지 않고 미리 여러 가지 준비를 하면서 여유롭게 계산해 놓으면, 대비할 틈이 없이 바빠져도 번거롭고 걱정할 필요 없이 처리할 수 있다. 바쁘지 않아서 조용하더라도 가만히 있으면서 마른 나무나 타고 남은 재처럼 생각이 없고 걱정이 없이 멍청한 상태에 빠지지 말고, 슬기롭게 활기를 찾으면 소란스러운 곳에 있어도 편안하고 담백할 수 있으며, 보이지 않는 곳에서 마음을 떳떳하고 바르게 해서 조금도 속이거나 숨기지 않으면, 한낮에 시장 한복판에 있어도 당당해서 스스로 만족할 수 있다.

50.

念頭起處, 裳覺向欲路上去, 便挽從理路上來,
(염두기처 재각향욕로상거 편만종리로상래)

一起便覺, 一覺便轉, 此是轉禍爲福,
(일기편각 일각편전 차시전화위복)

起死回生的關頭, 切莫輕易放過.
(기사회생적관두 절막경이방과)

[독해]

생각이 일어나는 곳에서 탐욕의 길로 향한다고 깨달으면 곧 돌이켜서 도리의 길로 좇도록 하고, 생각이 한 번 일어나면 곧 깨닫고 한 번 깨달으면 곧 돌이키니, 이것이 재앙을 돌이켜 복으로 삼고 죽음에서 일어나 살게 하는 고비이니 절대로 가볍게 넘기지 않아야 한다.

[강의]

하나의 생각이 일어날 때는 맹렬하게 성찰하여 그 생각이 사사로운 탐욕의 길로 향한다고 깨달으면 곧 돌이켜서 도리의 길로 좇도록 하고, 사사로운 탐욕의 생각이 한 번 일어나면 곧 깨닫고 깨달으면 즉시 돌이켜야 한다. 이렇게 하면 사욕으로 인한 재앙을 돌이켜 복으로 삼고 죽음에서 일어나 기쁨과 복으로 살아가는 계기가 되니, 하나의 생각이 일어나는 곳을 가볍게 넘기지 않아야 한다.

51.

天薄我以福, 吾厚吾德以迓之, 天勞我以形, 吾逸吾心以補之,
(천박아이복 오후오덕이아지 천로아이형 오일오심이보지)
天□我以愚, 吾亨吾道以通之, 天且我奈何哉.
(천액아이우 오형오도이통지 천차아나하재)

[독해]

하늘이 나에게 복을 적게 주면 나는 내 덕을 후하게 하여 이를 맞이하고, 하늘이 내 몸을 힘들게 하면 나는 내 마음을 편히 하여 보충하며, 하늘이 나에게 액운을 주면 나는 내 도를 뜻대로 되게 할 것이니, 하늘 또한 나를 어찌하겠는가.

[강의]

하늘이 나에게 복을 적게 주면 나는 내가 가진 덕을 후하게 하여 새로운 덕을 맞이하고, 하늘이 내 몸을 힘들게 하면 나는 내 마음과 생각을 편안하게 하여 육체가 힘든 것을 도와주고, 하늘이 내가 하는 일을 어렵게 하여 막으면 나는 나의 도덕을 뜻대로 되게 하여 좋지 않은 운명을 개통하고 자연적인 운명을 받아들이면서 스스로 되도록 노력할 것이니, 비록 하늘의 능력과 힘으로도 내가 스스로 돕는 것을 어찌겠는가.

聲妓晩景從良, 一世之臙花無碍,
(성기만경종량 일세지연화무애)

貞婦白頭失守, 半生之情苦俱非,
(정부백두실수 반생지정고구비)

語云看人, 只看後半截, 眞名言也.
(어운간인 지간후반절 진명언야)

[독해]

기생도 늙어서 남편을 따르면 한평생 기생질도 장애가 되지 않고, 정숙한 주부도 늙어서 정조를 잃으면 반평생 절개를 지킨 고난이 헛수고이니, 사람을 보려면 그 후반을 보라는 말이 참으로 옳은 말이다.

[강의]

노래와 춤으로 정을 파는 창기라도 만년에 좋은 사람을 좇아 어진 아내의 지조를 지키면 한평생 기녀의 음란한 생애도 규중의 정조로 변해서 문제 될 것이 없고, 젊어서 정숙한 덕으로 열녀의 품행을 지켜온 부인이라도 늙어서 정절을 지키지 못하면 반평생의 청렴한 정조와 고된 절개가 물거품이 되고 마니, 사람은 초년의 경력을 돌아보며 매달리지 말고 말년에 스스로 새롭게 되도록 노력해야 한다. 옛날 말에 사람을 보려면 그 후반의 반평생을 본다는 말이 참으로 명언이다.

53.

平民肯種德施惠, 便是無位的卿相,
(평민긍종덕시혜 편시무위적경상)

士夫徒貪權市寵, 竟成有爵的乞人.
(사부도탐권시총 경성유작적걸인)

[독해]

평민이 즐겨 덕을 심고 은혜를 베풀면 곧 벼슬이 없는 재상이고, 사대부가 한갓 권세를 탐내고 총애를 팔면 마침내 벼슬이 있는 거지가 된다.

[강의]

평민은 벼슬이 없는 사람이고 은덕을 심고 은혜를 베푸는 것은 공경재상의 책임이니, 벼슬이 없는 평민이 공경재상이 할 일을 해서 은덕을 심고 은혜를 베풀면 이것은 벼슬이 없는 공경재상이고, 이와 반대로 봉록을 받는 사대부가 은덕을 심어 은혜를 베풀지 않고 권세와 이익을 탐하고 다투며 사욕을 채우기에 급급하면 마침내 벼슬이 있는 거지가 된다.

54.

君子而詐善, 無異小人之肆惡,
(군자이사선 무이소인지사악)
君子而改節, 不及小人之自新.
(군자이개절 불급소인지자신)

[독해]

군자가 선을 가장하면 소인이 악행을 하는 것과 다름없고, 군자가 변절
을 하면 소인이 새사람으로 거듭나는 것만 못하다.

[강의]

상당한 학식이 있고 덕행이 있는 군자가 속으로 명예와 이익을 꾀하려고
겉으로 위선을 행하는 것은 자신의 마음으로 다른 사람을 속이는 죄이니,
배우지 못해 무식하고 완고한 소인이 태연하게 잘못을 저지르는 행위와
차이가 없고, 지조를 지키는 군자가 갑자기 변절하여 타락하면 몰염치하고
부도덕한 소인이 잘못을 뉘우치고 새로워지는 것만 같지 못하다.

55.

家人有過, 不宜暴怒, 不宜輕棄,
(가인유과 불의폭노 불의경기)

此事難言, 借他事而隱諷之, 今日不悟, 俟來日, 正警之,
(차사난언 차타사이은풍지 금일불오 사래왈 정경지)

如春風解凍, 和氣之消氷, 纔是家庭的型範.
(여춘풍해동 화기지소빙 재시가정적형범)

[독해]

집안사람에게 잘못이 있으면 사납게 화를 내어도 안 되고 가볍게 지나가
도 안 되니, 그 일을 말하기 곤란하면 다른 일을 빌려서 은연중에 일깨우
고, 오늘 깨닫지 못하면 내일까지 기다렸다가 깨우쳐서 봄바람이 추위를
녹이고 따뜻한 기운이 얼음을 녹이는 것처럼 하는 것이 가정의 전형적
규범이다.

[강의]

집안 식구가 잘못이 있어서 그 잘못을 곧바로 고치려하면 그 사람의
악감정을 일으켜서 좋은 뜻을 해치기 쉽고 묻지 않고 내버려두면 바로
잡을 길이 없으니, 곧바로 고치려는 것과 내버려두는 것은 모두 옳지 못하
다. 잘못된 일을 직접 말하기 곤란하면 그와 비슷한 다른 일을 빌려서
암시하고 그것을 느끼지 못하도록 비유하며 경고하고, 오늘 알아듣지 못하
면 다음날까지 기다렸다가 바르게 경고해서 잘못을 고쳐야 하니, 봄바람이
추위를 녹이고 따뜻한 기운이 얼음을 녹이는 것처럼 자연스럽게 융화시키
면 이것이 가정을 다스리는 모범이 된다.

56.

此心常看得圓滿, 天下自無缺陷之世界,
(차심상간득원만 천하자무결함지세계)

此心常放得寬平, 天下自無險側之人情.
(차심상방득관평 천하자무험측지인정)

[독해]

마음이 항상 원만하게 볼 수 있으면 세상에 결함이 있는 곳이 없고, 마음이 언제나 관대하고 평온하면 세상의 험한 인정도 없다.

[강의]

추운 지방의 얼어붙은 바다와 열대지방은 보통사람이 보면 혐오스러우나 탐험가의 눈에는 가치가 있고, 험준한 봉우리와 기이한 계곡은 여행하는 사람에게 괴로움을 주지만 지리학자의 눈에는 흥미를 돋우는 곳이니, 좋고 나쁜 것은 취하는 사람의 취향에 따라 정해지는 것이다. 마음이 항상 원만하면 세상도 또한 원만한 마음처럼 결함이 없으며, 마음을 열어 관대하고 편안하며 좋고 나쁜 것이 없이 포용하고 융화하면 세상에는 험한 인정이 절대로 없을 것이니, 불서에 '삼계유심(三界惟心)'이라는 것이 이것을 말한 것이다.

57.

澹泊之士, 必爲濃艷者所疑, 檢飭之人, 多爲放肆者所忌,
(담박지사 필위농염자소의 검칙지인 다위방사자소기)
君子處此, 固不可少變其操履, 亦不可太露其鋒芒.
(군자처차 고불가소변기조리 역불가태로기봉망)

[독해]

담백한 선비는 반드시 농염한 사람의 의심을 받고, 엄격하고 조심스러운 사람은 방종한 사람의 미움을 받으니, 군자는 이런 데서는 그 지조를 조금도 바꾸지 말아야 하고, 너무 그 날카로움을 드러내면 안 된다.

[강의]

담백하고 고결한 선비는 부귀와 명예를 좇는 사람의 적대적인 미움과 의심을 받고, 절조가 있고 조심스러운 사람은 멋대로 사는 사람의 시기를 받으니, 담백하고 조심스런 군자는 만약 이런 미움과 시기를 받게 되면 사람들의 미움과 시기로 인하여 그 지조를 바꿔서도 안 되지만, 또 너무 날카롭게 반응하여 시기하는 사람의 감정을 사서 피해를 입는 것도 안 된다.

居逆境中, 周身皆鍼砭藥石, 砥節礪行而不覺,
(거역경중 주신개침폄약석 지절려행이불각)

處順境內, 眼前盡兵刃戈矛, 銷膏磨骨而不知.
(처순경내 안전진병인과모 소고마골이부지)

[독해]

어려운 처지에 있으면 주변이 모두 침이고 약이라 절개와 행실을 갈고 닦아도 깨닫지 못하며, 순탄한 처지에 있으면 눈앞이 모두 칼과 창이라 지방이 녹고 뼈가 썩어도 알지 못한다.

[강의]

자기 마음대로 할 수 없는 어려운 처지에 있으면 주변의 모든 사물이 병을 치료하는 침이나 뜸과 약 같아서 절개와 행실을 갈고 닦게 되니, 마음을 거스르는 어려운 처지의 일들은 다 나의 참을성을 기르게 해서 느끼지 못하는 사이에 저절로 절개와 행실을 갈고 닦게 된다. 이와 반대로 모든 일이 뜻대로 되는 순탄한 처지에 있으면 눈앞에 있는 모든 사물이 사람을 해치는 무기와 같아서 지방을 녹이고 뼈를 썩게 하니, 마음을 즐겁게 하는 순탄한 처지의 일은 다 나의 교만과 나태를 불러서 모르는 사이에 고결한 마음과 깨끗한 품격을 깎아낸다. 동서고금의 위대한 절개와 대의는 거의가 천신만고의 어려운 처지에서 일어나고, 못나고 어리석은 임금은 늘 앞에서 아첨하고 뒤에서 비위를 맞추는 순탄한 처지에서 나왔으니, 따라서 사람이 즐거운 처지만 즐기고 그렇지 못한 어려운 처지를 싫어하는 것은 어리석은 판단이다.

59.

生長富貴叢中的, 嗜欲如猛火, 權勢似烈焰,

(생장부귀총중적 기욕여맹화 권세사열염)

若不帶些淸冷氣味, 其火焰不至焚人, 必將自爍矣.

(약불대사청랭기미 기화염부지분인 필장자삭의)

[독해]

부귀한 집에서 나서 자란 사람은 욕심이 사나운 불길 같고 권세가 맹렬한 불꽃같아서 만약 조금이라도 맑고 신선한 기운을 지니지 않으면, 그 불꽃이 다른 사람을 태우지 못하면 반드시 자신을 태울 것이다.

[강의]

부귀를 이어 내려온 집안에서 성장한 사람이 즐기는 욕망은 맹렬한 불길처럼 만족하지 못하고, 그 권세는 멈추지 않고 분수에 넘쳐 광란하는 불꽃처럼 방자하니, 만일 조금이라도 맑고 신선한 기운을 지니지 않으면, 그 욕망과 권세의 불꽃으로 다른 사람을 태워 죽이거나 그렇지 못하면 반드시 자신을 태워 없애게 된다.

60.

人心一眞, 便霜可飛, 城可隕, 金石可貫,
(인심일진 편상가비 성가운 금석가관)

若僞忘之人, 形骸徒具, 眞宰已亡,
(약위망지인 형해도구 진재이망)

對人, 則面目可憎, 獨居, 則形影自媿.
(대인 즉면목가증 독거 즉형영자괴)

[독해]

사람의 마음이 한 번 진실하면 서리도 내리게 하고 성곽도 무너뜨리며 금석도 뚫을 수 있다. 만약에 허위에 찬 사람이 형체는 갖추었으나 참된 주재가 없으므로, 사람을 대하면 면목이 가증스럽고 홀로 있으면 모습과 그림자가 스스로 부끄럽다.

[강의]

사람의 심성이 순수하고 진실하면 능히 조물주의 능력에 감응하고 변화하여 오월의 뜨거운 열기에 찬 서리를 날리고 견고한 성곽을 무너뜨리며 단단한 쇠와 돌을 뚫을 수 있다. 정성을 한 곳에 집중하면 무엇을 무너뜨려도 무너지지 않는 것이 있으며, 무엇을 이루어도 이루지 못할 것이 있겠는가. 만일 거짓되고 허망한 사람이 팔다리와 오장육부는 갖추었지만 참된 마음의 주재가 사라지면 이것은 혼은 있으나 죽은 사람과 같으니, 다른 사람을 대하면 그 생김새가 가증스럽고 홀로 있을 때는 제 모습과 그림자도 스스로 부끄러워진다. 장자에 '슬픔이 가장 큰 것은 마음이 죽은 것이고, 몸이 죽으면 그 다음이다.'고 했으니, 예나 지금이나 사람의 마음은 천년이라는 거리를 두고도 서로 통하는 면이 있다.

61.

文章做到極處, 無有他奇, 只是恰好,
(문장주도극처 무유타기 지시흡호)
人品做到極處, 無有他異 只是本然.
(인품주도극처 무유타이 지시본연)

[독해]

문장을 지어 지극한 경지에 이르면 달리 기교가 없어도 만족하고 좋을 뿐이며, 인품을 닦아 지극한 경지에 이르면 달리 특이하지 않아도 그저 본연의 모습일 뿐이다.

[강의]

문장을 짓는 일에 숙련되어 대단한 경지에 도달하면 달리 기교가 있는 특색이 있는 것이 아니라 문장의 이상이 적절하고 어구가 순조로워서 원만하고 만족하게 되며, 인품을 닦아 지극한 경지에 이르면 달리 특이한 것이 있는 것이 아니라 본연의 도리에 돌아가는 것이다.

以幻迹言, 無論功名富貴, 即肢體亦屬委形,
(이환적언 무론공명부귀 즉지체역속위형)

以眞境言, 無論父母兄弟, 即萬物皆吾一體,
(이진경언 무론부모형제 즉만물개오일체)

人能看得破, 認得眞, 纔可任天下之負擔, 亦可脫世間之韁鎖.
(인능간득파 인득진 재가임천하지부담 역가탈세간지강쇄)

[독해]

환영으로 말하면 공명과 부귀는 물론 육체도 맡겨진 형체에 속하며, 실상으로 말하면 부모형제는 물론 세상 만물이 모두 나와 한 몸이니, 사람이 보아서 깨트릴 줄을 알고 참되게 판단할 줄을 알면, 비로소 천하 대사를 맡고 또 세상의 속박에서 벗어난다.

[강의]

꿈이나 환상 같은 거짓된 흔적으로 말하면 뜬구름처럼 일어났다 없어지는 것이 무상한 부귀와 공명은 쉽게 알 수 있는 거짓된 흔적이라 말할 것도 없지만, 자신의 육체 또한 맡겨진 거짓된 모습이라서 태어나고 죽는 일이 순간이며, 생전에는 노소의 차이가 있으나 사후에는 남김없이 사라져서 흙이 된다. 실상으로 말하면 한 핏줄인 부모형제는 천륜이 맺어준 한 몸이라는 것은 말할 것도 없지만 유정무정의 삼라만상이 모두 같은 실체이다. 불경에 '중생과 국토가 동일한 불성이다.'고 말한 것이나 장횡거가 '모두 내 동포요, 세상만물이 다 나와 함께 한다.'고 말한 것은 서로 통하는 말이니, 만물을 거짓 형상으로 보면 모두 천차만별의 환영이지만 진리로 보면 동일하고 평등한 품성이 있다. 사람이 이 같은 도리를 깨치고 참되게 분별해서 위대한 정신력으로 생사에 대한 생각을 버리면 세상의 큰일을

맡을 수 있고, 가깝고 멀고 좋고 싫은 잘못된 감정을 달관하면 세상의
속박에서 벗어난다.

63.

天地有萬古, 此身不再得, 人生只百年, 此日最易過,
(천지유만고 차신부재득 인생지백년 차일최이과)
幸生其間者, 不可不知有生之樂, 亦不可不懷虛生之憂.
(행생기간자 불가부지유생지락 역불가불회허생지우)

[독해]

하늘과 땅은 만고에 있었으나 이 몸은 두 번 다시 얻지 못하고, 인생은 다만 백 년이라 오늘을 보내기 쉬우니, 다행히 그 사는 동안에 사는 즐거움을 모를 수 없고, 헛되이 일생을 보내지 않을까 걱정하지 않을 수 없다.

[강의]

하늘과 땅에는 영원한 시간이 있으나 사람의 몸은 한 번 죽은 후에 다시 얻지 못하니 사람이 세상에서 사는 기간은 백년의 짧은 기간에 불과하고, 흐르는 물과 같은 오늘의 시간은 달리는 말처럼 쉽게 지나가 버리니 다시 얻지 못하는 백 년을 사는 것은 그 다행한 삶을 사는 것을 즐겁게 여겨야 한다. 또 석가와 같이 생사의 문제를 넘어서 영겁의 삶을 꾀하거나 훌륭한 일을 하여 큰 업적을 길이 남기지 못하고 취생몽사의 무정하고 기계적인 생활로 조물주의 판단에 일임해 버리면 사는 시간이 죽은 날이나 마찬가지이다. 따라서 일생을 헛되게 보내지 않을까 하는 걱정을 품지 않을 수 없다.

64.

老來疾病, 都是少時招得, 衰時罪業, 都是盛時作得,
(노래질병 도시소시초득 쇠시죄업 도시성시작득)

故持盈履滿, 君子尤兢兢焉.
(고지영이만 군자우긍긍언)

[독해]

늙어서 오는 질병은 젊었을 때 불러온 것이고 쇠퇴해서 받는 죄업은
융성할 때 얻은 것이니, 그러므로 만족할 때 군자는 더욱 조심해야 한다.

[강의]

늙어서 오는 질병은 젊었을 때 건강을 조심하지 않은 여러 가지 때문
에 불러온 것이고, 운이 기운 다음의 죗값을 받는 것은 운이 왕성할 때에
복을 남용하여 재난의 원인을 만든 탓이므로, 군자는 혈기가 왕성한 젊
을 때에 건강을 지켜 보존하고, 운이 왕성해서 복을 누릴 때에 조심하고
근신하여 늙어서의 질병과 운이 기운 다음의 죗값을 면해야 한다.

65.

公平正論不可犯手, 一犯則貽羞萬世,
(공평정론불가범수 일범즉이수만세)
權門私竇不可著腳, 一著則點汚終身.
(권문사두불가저각 일저즉점오종신)

[독해]

공정하고 바른 논리에는 실수를 하지 않아야 하니 한 번 실수를 하면 만대에 수치가 남고, 권세 있는 집안과 사리사욕에는 발을 들이지 않아야 하니 한 번 발을 들이면 평생 더러움에 물든다.

[강의]

공평무사한 정론에는 개인적인 편견으로 실수를 해서 거스르면 안 되니, 한 번 실수하면 만대에 수치를 남겨 주게 된다. 권세 있는 집안과 사리사욕에는 발을 들이지 않아야 하니, 한 번 발을 들이면 평생 지울 수 없는 오점을 남겨서 씻을 수 없다. 그러므로 정론을 무시하고 권문세가에 아첨하여 사욕을 꾀하는 가련한 졸장부는 만세와 평생에 수치와 오점을 남길 것이니, 어찌 두렵지 않겠는가.

66.

曲意而使人喜, 不若直躬而使人忌,
(곡의이사인희 불약직궁이사인기)
無善而致人譽, 不若無惡而致人毀.
(무선이치인예 불약무악이치인훼)

[독해]

뜻을 굽혀 남을 기쁘게 하는 것은 행동이 곧아서 남의 미움을 받는 것만
못하고, 잘한 것도 없이 남에게서 칭찬을 받는 것은 잘못하지 않고도 남에
게 흉을 잡히는 것만 못하다.

[강의]

다른 사람을 기쁘게 함은 나쁜 일이 아니나 자신의 의지를 거짓으로
굽히면서 다른 사람을 기쁘게 하는 것은 옳지 못하고, 다른 사람이 나를
싫어하는 것은 좋은 일이 아니나 나의 정직한 행동을 다른 사람이 정당한
이유 없이 싫어하면 이 잘못은 나를 싫어하는 사람에게 있으므로, 내 뜻을
굽혀서 다른 사람을 기쁘게 해주는 것보다 차라리 나의 지조를 곧게 하여
다른 사람의 미움을 받는 것만 못하다. 또 다른 사람의 칭찬을 받는 것이
나쁘지는 않지만 잘한 것도 없이 다른 사람의 칭찬을 받는 것은 옳지 않으
며, 다른 사람이 나를 헐뜯는 것은 좋은 일이 아니나 실제로 잘못하지
않았는데 다른 사람이 나를 헐뜯으면 나를 헐뜯는 사람에게 잘못이 있다.
그러므로 잘한 일 없이 다른 사람의 헛된 칭찬을 듣는 것보다는 차라리
잘못이 없이 다른 사람의 미움을 받는 것이 낫다.

67.

處父兄骨肉之變, 宜從容, 不宜激烈,
(처부형골육지변 의종용 불의격렬)

遇朋友交遊之失, 宜凱切, 不宜優游.
(우붕우교유지실 의개절 불의우유)

[독해]

부모형제가 변을 당하면 침착하게 처리해서 격해지면 안 되고, 친구와
사귐에 있어서 실수가 있으면 적당하게 대해야 하며 우유부단해서는 안
된다.

[강의]

부모형제는 천륜으로 맺어진 가까운 사이라서 예기치 않은 사고가 일어
나면 마음이 절박하게 되나 세 번 더 생각하고 침착하게 처리해야 하니,
격한 심정으로 급하게 대하면 뜻밖의 잘못과 판단으로 후회하게 된다.
친구와 사귀는 것은 손해를 피하고 이익을 취하는 것이라 혈육과는 다르
니, 친구의 잘못을 보게 되면 그 잘못이 가벼우면 곧 충고해서 고치도록
하고 잘못이 중대하여 부도덕하면 곧바로 절교해도 되니, 그 잘못에 대한
조치는 적절하게 하고 미루지 말아야 한다. 우유부단하면 그 잘못에 함께
말려들기 쉽다.

68.

小處不滲漏, 暗中不欺隱,
(소처불삼루 암중불기은)

末路不怠荒, 纔是眞正英雄.
(말로불태황 재시진정영웅)

[독해]

작은 일도 소홀하게 대하지 않고 어둠 속에서도 속이거나 숨기지 않으며, 끝까지 태만하지 않으면 그것이 진정한 영웅이다.

[강의]

영웅은 종류가 많아서 서로의 장단점이 있으나, 마음 씀씀이가 너그럽고 일을 처리하는 수단과 쾌락에 대한 욕심은 대개 같다. 너그러움의 폐단은 사소한 일에 소홀하기 쉽고 일을 처리하는 수단의 폐단은 은밀한 곳에서 숨기고 속이기 쉬우며, 쾌락에 대한 욕심의 폐단은 공을 이룬 뒤에 안일하여 나태하기 쉽다. 작은 일에도 살얼음을 밟듯이 항상 신중하며 소홀하지 않고, 어둠 속에서도 소중한 손님을 맞듯이 공경하여 속이거나 숨기지 말며, 일을 끝낼 때도 초심으로 돌아가 부지런해서 나태하지 않으면 이런 사람이 결점이 없는 진정한 영웅이다.

69.

驚奇喜異者, 終無遠大之識,
(경기희이자 종무원대지식)

苦節獨行者, 要有恒久之操.
(고절독행자 요유항구지조)

[독해]

기이한 것에 놀라고 색다른 것을 좋아하는 사람은 원대한 지식을 갖지 못하고, 고난 속에서 절개를 홀로 지키며 행동하는 사람은 영원한 지조를 가지고 있어야 한다.

[강의]

기이한 일은 경박하고 아둔한 사람의 눈과 귀를 잠시 놀라게 하는 것이므로, 기이한 일에 놀라며 좋아하는 사람은 의지가 박약하여 다만 눈앞의 상황에 따라 행동이 변하여 원대한 지식을 확실하게 갖지 못한다. 깨끗하고 드높은 절개와 고독한 절조의 행위는 실천하기가 매우 힘들고 겉모습이 암담하여 오래 지키기 어려우므로, 어려운 절조를 홀로 지키는 사람은 가끔 온화하고 고요한 곳에서 자신을 되돌아보아 그 절조를 오래도록 유지해야 한다.

70.

當怒火慾水正騰沸時, 明明知得, 又明明犯著,
(당노화욕수정등비시 명명지득 우명명범착)

知得是誰, 犯著又是誰, 此處能猛然轉念, 邪魔便爲眞君矣
(지득시수 범저우시수 차처능맹연전념 사마편위진군의)

[독해]

불길 같은 분노와 물살 같은 욕망이 끓어오르면 이를 분명하게 알고
또 분명하게 대응해야 하니, 깨닫는 사람은 누구이며 대응하는 사람은
또 누구인가. 여기에서 생각을 맹렬히 돌이키면 사악한 마귀도 참된 주권
자가 된다.

[강의]

불길처럼 노여움이 타오르고 물살처럼 욕망이 끓어 넘칠 때 이것이
노여움이고 욕망임을 분명히 깨닫고 확실히 대응해야 하니, 깨닫는 사람은
누구이고 대응하는 사람은 누구인가. 불같은 노여움과 물살 같은 욕망이
모두 별개의 것이 아니라 그저 하나의 생각이 망동하는 것이니, 맹렬히
성찰하여 망동하는 생각을 돌이키면 노여움과 욕망이라는 사악한 마귀가
변해서 흔들리지 않는 주권자가 될 것이니, '한 번 돌이켜 생각하면 번뇌가
곧 깨달음이라.'는 옛말이 이것이다.

71.

毋偏信而爲奸所欺, 毋自任而爲氣所使,
(무편신이위간소기 무자임이위기소사)
毋以己之長而形人之短, 毋以己之拙而忌人之能.
(무이기지장이형인지단 무이기지졸이기인지능)

[독해]
한쪽만 믿고 기만하는 것에 속지 말고, 자기 마음대로 해서 기분에 휘둘리면 안 되며, 자신의 장점으로 다른 사람의 단점을 만들지 말고, 자신의 모자란다고 해서 다른 사람의 능력을 시기하지 말아야 한다.

[강의]
한쪽만 믿는 사람은 간교한 사람에게 속기 쉽고, 일을 자기 마음대로 하는 사람은 객기에 휘둘리기 쉬우며, 자신의 장점을 자랑하려고 남의 단점을 파헤치기 쉽고, 자신의 모자람을 감추려고 남의 능력을 시기하기 쉬우니, 사람은 마땅히 이런 실수는 하지 않도록 해야 한다.

72.

人之短處, 要曲爲彌縫, 如暴而揚之, 是以短攻短,
(인지단처 요곡위미봉 여포이양지 시이단공단)

人有頑的, 要善爲化誨, 如忿而嫉之, 是以頑濟頑.
(인유완적 요선위화회 여분이질지 시이완제완)

[독해]

다른 사람의 단점은 간곡히 가려주어야 하며, 그 단점을 세상에 드러내어 알리면 단점으로 단점을 공격하는 것이고, 다른 사람이 모르면 잘 가르쳐서 고치게 해야 하니, 만일 화를 내어 꾸짖으면 이것은 우둔함으로 우둔함을 구제하는 것이다.

[강의]

다란 사람의 단점에 잘못이 있어도 그것을 폭로하는 것은 나의 단점이니, 다란 사람이 우둔하다고 해도 그것에 화를 내어 꾸짖으면 그것 또한 나의 우둔함이다. 다른 사람의 단점을 감싸서 고쳐주는 것은 관용의 미덕이지만, 폭로하는 것은 나의 단점으로 다른 사람의 단점을 공격하는 것이다. 우둔한 사람을 타일러 가르치는 것은 겸양과 인내의 미덕이나 만일 화를 내어 꾸짖으면 나의 우둔함으로 남의 우둔함을 고치려는 것과 같으니, 어떻게 고칠 수 있겠는가.

73.

遇沈沈不語之士, 且幕輸心,
(우침침 불어지사 차막수심)

見悻悻自好之人, 應須防口.
(견행행자호지인 응수방구)

[독해]

침묵하는 사람을 대하면 내 마음도 열지 말아야 하고, 화를 잘 내고 자만심이 강한 사람을 대하면 입을 다물어야 한다.

[강의]

침묵을 지키고 마음을 드러내서 말하지 않는 사람을 대할 때는 그 사람의 속마음을 잘 알 수 없으므로 나의 마음을 쉽게 열어 보이지 말아야 하니, 그런 사람 앞에서 경솔히 내 마음을 털어 놓으면 예측할 수 없는 화를 입을 수도 있기 때문이다. 화를 잘 내고 자만심이 많은 사람 앞에서 진심을 말하면 그 말들이 다른 사람에게 전해져서 어떤 화를 입을지 알 수 없으므로 입을 다물고 속말을 하지 말아야 하니, 인정이 이와 같아서 마음을 열기가 어려운 것이다.

74.

念頭昏散處, 要知提醒, 念頭喫緊時, 要知放下,
(염두혼산처 요지제성 염두끽긴시 요지방하)

不然, 恐去昏之病, 又來憧憧之擾矣.
(불연 공거혼지병 우래동동지우의)

[독해]

생각이 어둡고 산만하면 정신을 똑바로 차려야 하고 마음의 긴장이 심할 때에는 긴장을 풀어야 하니, 그렇지 않으면 어리석다는 병을 고쳐도 안정하지 못해 근심이 오게 된다.

[강의]

생각이 어둡고 산만하면 맹렬하게 성찰을 하고 활기를 불어넣어서 정신을 똑바로 차려야 하고, 마음의 긴장이 심할 때에는 긴장을 풀어 활발하고 쾌활하게 해야 한다. 그렇지 않고 정신을 차리는 것에 치우치게 되면 어리석은 병은 낫겠지만 안정하지 못하고 근심이 오게 된다.

75.

霽日靑天, 條變爲迅雷震電, 疾風怒雨, 條變爲朗月晴空,
(제일청천 조변위신뢰진전 질풍노우 조변위랑월청공)

氣機何常一毫凝滯, 太虛何常一毫障塞, 人心之體, 亦當如是.
(기기하상일호응체 태허하상일호장색 인심지체 역당여시)

[독해]

쾌청한 날 푸른 하늘이 갑자기 변해서 우레가 울고 번개가 치고, 몰아치는 바람과 세차게 쏟아지는 비가 갑자기 변해서 밝은 달과 맑은 하늘이 되니, 기의 운행이 어찌 털끝만큼이라도 막히겠으며, 하늘이 어찌 털끝만큼이라도 가려지거나 닫히겠는가. 사람 마음의 바탕도 또한 이와 같은 것이다.

[강의]

한 점 구름도 없는 쾌청한 날씨도 갑자기 변해서 우레가 울고 번개가 치며, 바람이 몰아치고 세찬 비가 쏟아지는 험한 날씨도 순식간에 그쳐서 밝은 달빛이 비추는 맑은 하늘이 된다. 천만 번 변하는 기상에 일정한 규칙이 있는 것이 아닌데, 천지의 기가 운행하는 것이 어찌 조금이라도 막히고 드넓은 하늘이 어찌 조금이라도 가려지겠는가. 그러한 기의 변화는 맡겨져 있는 것이라, 사람의 마음도 이와 같아서 조금도 막힘과 닫힘이 없고 다만 욕망의 변화가 있을 뿐이니, 일어나고 사라지는 온갖 망상을 버리게 되면 조금도 흔들리지 않는 마음의 실체가 나타날 것이다.

76.

> 橫逆困窮, 是煆煉豪傑的一副爐鎚,
>
> (횡역곤궁 시단련호걸적일부로추)
>
> 能受其煆煉者, 則身心交益,
>
> (능수기단련자 즉신심교익)
>
> 不受其煆煉者, 則身心交損.
>
> (불수기단련자 즉신심교손)

[독해]

역경과 곤궁은 호걸을 단련시키는 도가니와 망치니, 그 단련을 능숙하게 수행하는 사람은 몸과 마음이 서로 돕고, 단련을 수행하지 않는 사람은 몸과 마음이 서로 해를 끼친다.

[강의]

도가니와 망치는 금옥을 불려 다듬는 도구이고, 역경과 곤궁은 호걸을 큰 인물로 단련하여 만드는 도가니와 망치이다. 금과 옥은 도가니와 망치로 단련을 받아야 정교하고 아름다운 보물이 되고, 호걸은 역경과 곤궁으로 단련을 받아서 죽음의 위기와 힘든 역경을 겪은 뒤에 위대한 업적을 이루게 된다. 따라서 그러한 단련을 받은 사람은 육체와 정신이 함께 이익을 얻지만, 단련을 받지 않고 안일과 나태에 빠지면 육체와 정신이 모두 피해를 입게 되니, 세상에 태어나서 곤란을 맹수처럼 두려워하고 안일을 달콤한 엿처럼 탐하는 아녀자 같은 졸장부는 반성을 해야 한다.

77.

害人之心不可有, 防人之心不可無, 此戒疎於慮也,
(해인지심불가유 방인지심불가무 차계소어려야)
寧受人之欺, 無逆人之詐, 此警傷於察也,
(영수인지기 무역인지사 차경상어찰야)
二語竝存, 精明而渾厚矣.
(이어병존 정명이혼후의)

[독해]

다른 사람을 해치는 마음을 가지면 안 되지만 다른 사람으로부터 나를 방어하는 마음이 없어서도 안 되니, 이것은 소홀함을 경계하는 것이고, 차라리 다른 사람에게 속더라도 다른 사람이 속이는 것을 막지 않아야 하니, 이것은 지나치게 살피는 것을 경계하는 것이다. 이 두 가지 말을 함께 가지면 총명하고 덕이 두터울 것이다.

[강의]

내가 다른 사람을 해칠 마음을 가지면 안 되지만, 다른 사람이 나를 해치려고 하면 이것을 방어하는 마음은 있어야 하니, 이것은 생각을 잘해서 대비하는 것에 소홀할까 경계하는 것이다. 자신이 차라리 다른 사람에게 속더라도 다른 사람의 속이려는 마음을 미리 알아 막지 말아야 하니, 이것은 너무 지나치게 살펴서 자신의 두터운 덕에 해가 있을까 경계하여 각성하라는 것이다. 이상의 두 말을 함께 간직하여 한쪽으로 치우치지 않으면 생각이 깊어 총명해지고 덕이 두터워진다.

78.

毋因群疑而阻獨見, 毋任己意而廢人言,
(무인군의이저독견 무임기의이폐인언)

毋私小惠而傷大體, 毋借公論而快私情.
(무사소혜이상대체 무차공론이쾌사정)

[독해]

많은 사람이 의심한다고 자신의 굳은 견해를 굽히지 말고, 자신의 뜻과 맞지 않는다고 다른 사람의 말을 버리지 말며, 작은 혜택을 주어 전체에 해를 끼치지 말고, 공론을 빌어서 개인의 감정을 설욕하지 말라.

[강의]

위인이나 지혜로운 사람의 특이하고 독창적인 견해는 대중의 의심을 받는 경우가 많지만, 많은 사람의 의심을 받는다고 자신의 참된 견해를 굽히면 안 되니, 자신 있는 확실한 견해가 있으면 대중의 의심을 무시하고 용감하게 나아가야 한다. 위대한 발명가나 개혁자들은 자신의 견해를 단호하게 실행해서 결과를 얻은 것이니, 콜럼버스가 많은 비방과 의심을 물리치고 극도의 고난을 헤치며 탐험하여 미국이라는 황금세계를 발견한 것이 하나의 예이다. 그러나 자신의 독창적인 견해를 실천하더라도 다른 사람의 의견을 참고하고 선택해서 바른 실천이 되도록 힘써야 하며, 자신의 생각만 고집하고 다른 사람의 말을 절대로 무시하면 안 되니, 영웅호걸이 참담하게 실패를 하는 것도 다른 사람의 말을 무시하고 자신의 고집대로 해서 일어나는 것이라 어찌 신중하지 않을 수 있는가. 작은 혜택을 주어 전체적인 도리에 어긋나면 안 되고, 공론을 빌어서 자신의 감정을 설욕하는 데 이용하면 안 된다.

79.

青天白日的節義, 自暗室屋漏中培來,
(청천백일적절의 자암실옥루중배래)
旋乾轉坤的經綸, 自臨深履薄處操出.
(선건전곤적경륜 자임심리박처조출)

[독해]

청천백일 같은 절의는 어둡고 컴컴한 구석에서 배양되어 나오고, 하늘을 돌게 하고 땅을 굴리는 경륜은 깊은 연못가에 서듯 살얼음을 밟듯 조심하는 데서 나온다.

[강의]

루는 집의 서북쪽 모퉁이로 깊숙하고 은밀한 곳인데, 다른 사람이 보지 못하는 은밀하고 어두운 곳에서 옳지 않은 일을 하다가 한낮에 많은 사람들 앞에서 옳지 않은 일을 숨기고 옳은 일을 드러내면, 이것은 한 순간의 위선이라 좋은 결과를 얻지 못하니, 따라서 청천백일과 같이 공명정대한 절개와 대의는 어두운 방이나 옥루에서 배양되어 나온 결과이다. '군자는 반드시 혼자 있을 때 삼간다.'는 말과 '군자는 옥루를 부끄럽게 여기지 않는다.'는 말이 이것이니, 하늘과 땅을 움직이고 다스리는 큰 경륜은 호방한 사고에서 나오는 것이 아니라, 깊은 연못가에 다가서고 얇은 얼음을 밟을 때처럼 신중하고 조심하는 데서 나온다.

80.

父慈子孝兄友弟恭，縱做到極處，俱是合當如此，
(부자자효형우제공 종주도극처 구시합당여차)

着不得一絲感激的念頭，如施者任德，受者懷思，
(착부득일사감격적념두 여시자임덕 수자회사)

便是路人，便成市道矣.
(편시로인 편성시도의)

[독해]

어버이는 자식을 사랑하고 자식은 어버이에게 효도하며 형이 아우를 아끼고 아우가 형을 공경하는 것이 비록 지극하다고 해도, 모두가 당연한 것이니 털끝만치라도 감격하는 생각을 갖지 않아야 한다. 만일 베푸는 사람이 덕으로 생각하고 받는 사람이 은혜로 생각한다면, 이것은 곧 길에서 오다가다 만난 사람들의 일이고 길거리의 도리이다.

[강의]

어버이가 자식을 인자하게 기르고 자식은 어버이를 효도로 섬기며 형이 아우를 우애하고 아우가 형을 공경하는 것은, 사람의 마땅한 도리로 해야 할 일이니, 자애와 효도와 우애와 공경이 지극하다고 해도 그것은 당연한 일이라 조금도 감격할 일이 아니다. 자애와 사랑을 베푸는 어버이나 형이 자신이 무슨 특별한 은혜를 베푸는 것이라고 여기고, 효도와 공경을 행하는 자제가 자신이 행하지 않아도 될 덕을 수행하는 것처럼 여겨서, 베푸는 사람 스스로 덕이 있다고 생각하고 받는 사람이 베푸는 사람의 은혜에 감사하다고 생각하면, 이것은 거리의 행인들이 하는 일이고 장터에 모이는 모리배들의 도리이지 어찌 부자나 형제간의 윤리라 하겠는가.

81.

炎凉之態, 富貴更甚於貧賤, 猜忌之心, 骨肉尤狠於外人,
(염량지태 부귀경심어빈천 시기지심 골육우흔어외인)
此處若不當以冷腸, 禦以平氣, 鮮不日坐煩惱障中矣.
(차처약불당이냉장 어이평기 선불일좌번뇌장중의)

[독해]

더워하고 시원해하는 것은 부귀한 사람이 가난한 사람보다 더 심하고 시기하는 마음은 부모형제 사이가 더 심하니, 이러한 처지에서는 냉정하게 대처하여 평정심으로 다스리지 않으면 종일 번뇌 속에 빠져 있게 된다.

[강의]

덥고 서늘함은 계절의 변화지만, 덥고 서늘한 것처럼 변화가 많은 인정은 부귀한 사람이 가난한 사람보다 오히려 더 심하고, 혈연간에 질투가 일어나면 혈연과 관계없는 사람들보다 더 지독하다. 이것은 당연한 도리의 변화이니, 사람의 불행히 이러한 경우에 처하면 냉정한 마음으로 평온하고 담백하게 다스리고 대처해야 한다. 그렇지 못하면 날마다 번뇌 속에서 시달릴 것이다.

82.

功過不宜小混, 混則人懷惰隳之心,
(공과불의소혼 혼즉인회타휴지심)

恩仇不可太明, 明즉人起携貳之志.
(은구불가태명 명즉인기휴이지지)

[독해]

공로와 과오는 조금이라도 혼동하면 안 되니, 혼동하면 사람들이 나태해지고, 은혜와 원수는 너무 분명하게 하지 않아야 하니, 분명하면 하면 곧바로 사람들이 두 마음을 갖게 된다.

[강의]

공로와 죄과는 섞이지 않게 분명히 구분해서 공에는 상을 주고 과실은 벌해야 한다. 만일 공로와 죄과를 혼동하여 공이 있어도 상을 주지 않으면 근면한 마음이 사라지고, 잘못이 있어도 벌하지 않으면 조심하는 마음이 해이해져서 나태해진다. 은덕과 원한은 크게 구별하지 말고 균등하게 처리해야 하니, 만일 은덕과 원한을 심하게 구분해서 나에게 원한이 있는 사람에게 가혹하게 대하면 나에게 숙원이 있는 사람들이 모두 가혹한 대접을 받을까 두려워서 배반하는 마음을 갖게 된다. 한나라 태조가 천하를 얻고 먼저 가장 원수가 되는 옹치를 제후에 봉해 많은 장군과 신하들의 의심과 두려움을 풀어서 배반할 마음을 예방했으니, 이러한 도리를 알고 있었던 것이다.

惡忌陰, 善忌陽, 故惡之顯者禍淺, 而隱者禍深,
(악기음 선기양 고악지현자화천 이은자화심)

善之顯者功小, 而隱者功大.
(선지현자공소 이은자공대)

[독해]

악은 그늘을 꺼리고 선은 빛을 꺼려하니, 따라서 악이 드러나면 화가
적고 숨어 있으면 화가 크며, 선이 드러나면 공이 적고 숨어 있으면 공이
크다.

[강의]

악한 일은 숨겨지기를 꺼려하고 선한 일은 드러나기를 꺼려하니, 악한
일이 드러나면 법의 제재나 남의 충고로 인하여 회개하기가 쉬워서 화가
적게 미치고, 악한 일을 숨기면 외부의 제재를 받지 않고 안으로 점점
커져서 마침내 헤아리기 어려운 죄악이 되어 심각한 재앙을 입게 된다.
이와 반대로 선한 일은 밖으로 드러내면 공이 작고 숨기면 공이 커지니,
예를 들어 백전백승의 공보다 싸우지 않고 이긴 공이 더 나은 것이 이런
것이다.

84.

德者才之主, 才者德之奴,
(덕자재지주 재자덕지노)

有才無德, 如家無主奴用事矣, 幾何不魍魅猖狂.
(유재무덕 여가무주노용사의 기하불망매창광)

[독해]

덕이라는 것은 재능의 주인이고 재능이라는 것은 덕의 종이라, 재능이 있고 덕이 없으면 집안에 주인은 없고 종이 일을 처리하는 것과 같아서 얼마나 도깨비처럼 미쳐 날뛰겠는가.

[강의]

도덕과 재능을 비교하면 덕은 주인과 같고 재능은 종과 같으며, 재능만 있고 덕이 없으면 한 집안에 주인이 없이 종이 집안일을 함부로 하면서 혼란을 일으키는 것과 같으니 어찌 도깨비처럼 날뛰지 않겠는가. 덕이 없는 사람이 재능만으로 일을 처리하면 낭패가 많으니 세상의 재능 있는 사람들은 덕을 닦아야 한다.

85.

士君子, 貧不能濟物者, 遇人痴迷處, 出一言提醒之,
(사군자 빈불능제물자 우인치미처 출일언제성지)

遇人急難處, 出一言解救之, 亦是無量功德.
(우인급난처 출일언해구지 역시무량공덕)

[독해]

사군자가 가난해서 물질로는 사람을 도울 수 없어도 다른 사람의 어리석음을 보면 한 마디 말을 해서 깨우쳐주고, 다른 사람의 다급하고 어려운 처지를 보고 한 마디 말을 해서 벗어나게 해주면, 이것 또한 무량한 공덕인 것이다.

[강의]

사군자가 가난해서 재물이나 곡식으로는 남을 돕지 못해도, 어리석은 사람을 만나면 한 마디 말로서 그 어리석음을 깨우쳐주고, 다급하고 어려운 처지에 있는 사람을 만나면 한 마디 말로서 다급하고 어려운 처지에서 벗어나게 하면, 이것이 중생을 위해 괴로움을 없애고 즐거움을 주는 것이니, 이것 역시 무량한 공덕이다.

86.

處己者, 觸事, 皆成藥石, 尤人者, 動念, 卽是戈矛,
(처기자 촉사 개성약석 우인자 동념 즉시과모)

一以闢衆善之路, 一以濬諸惡之源, 相去小壤矣.
(일이벽중선지로 일이준제악지원 상거소양의)

[독해]

자신을 탓하는 사람은 하는 일마다 약과 침이 되고, 다른 사람을 탓하는 사람은 생각하는 것이 바로 무기이니, 하나가 모든 선의 나갈 길을 열고 또 다른 하나가 모든 악의 물길을 틀게 되면 서로의 차이는 하늘과 땅이다.

[강의]

어떤 일에 실패하더라도 그 실패의 원인을 반성하여 자신을 탓하는 사람은 어떤 일이든 약과 침이 병을 고치고 몸을 보양하는 것처럼 자신의 잘못을 없애고 지혜와 덕을 쌓게 된다. 자신이 잘못한 원인을 찾지 않고 하늘을 원망하며 다른 사람을 탓하는 사람은 생각하는 것이 바로 무기이니, 앞의 하나는 모든 선의 나갈 길을 열고 또 다른 하나는 모든 악의 물길을 트는 것이므로, 한 생각이 하늘과 땅만큼의 차이가 나는 선과 악을 이루게 되니 어찌 신중하지 않을 수 있겠는가.

87.

事業文章隨身銷毀, 而精神萬古如新,
(사업문장수신소훼 이정신만고여신)
功名富貴逐世轉移, 而氣節千載一日,
(공명부귀축세전이 이기절천재일일)
君子信不當以彼易此也.
(군자신부당이피역차야)

[독해]

사업과 문장은 몸을 따라서 소멸되고 훼손되지만 정신은 언제까지나 새로워지며, 공명과 부귀는 세상을 따라 옮겨 다니지만 기개와 절개는 천년도 하루 같으니, 군자는 마땅히 저것과 이것을 바꾸면 안 된다.

[강의]

위대한 사업과 신묘한 문장이라도 몸이 죽으면 몸을 따라 닳아지고 소멸하고 훼손되지만, 위대한 성인과 위인의 활발한 정신은 만고의 세월에도 사라지지 않고 더욱 새로워진다. 유려한 부귀와 공명은 운세에 따라 바뀌지만, 충신과 열사의 삼엄한 기개와 절조는 천년이 지나도 변하지 않고 하루와 같으니, 군자는 마땅히 사업과 문장과 부귀와 공명을 정신과 기개와 절조로 바꾸지 않아야 한다.

88.

魚網之設, 鴻則罹其中, 螳螂之貪, 雀又乘其後,
(어망지설 홍즉리기중 당랑지탐 작우승기후)

機裡藏機, 變外生變, 智巧何足恃哉.
(기리장기 변외생변 지교하족시재)

[독해]

고기 그물을 치자 기러기가 그 속에 걸리고, 사마귀가 먹이를 노리는데 참새가 그 뒤를 엿보니, 징조 속에 징조를 감추고 재난의 밖에서 재난이 생기는 것이라, 지혜를 어찌 믿겠는가.

[강의]

어망을 친 것은 물고기를 잡으려는 살기인데 기러기가 그 안에 걸리니 이것은 물고기를 잡으려는 살기 안에 기러기를 잡으려는 살기가 숨은 것이고, 사마귀가 벌레를 노리는 것은 벌레의 재난인데 참새가 또 뒤에서 사마귀를 노리니 이것은 벌레의 재난 밖에 사마귀의 재난이 생기는 것이다. 이처럼 징조 속에 징조가 숨어 있고 재난 밖에서 또 재난을 만드는 것이니, 기러기와 사마귀가 비록 지혜와 재주가 있다고 해도 어찌 징조 속의 징조와 재난 밖의 재난에 대처하겠는가. 사람이 하는 일의 징조와 재난도 이와 같아서 사람의 지혜와 재주라도 믿지 못한다.

89.

作人無一點眞懇的念頭, 便成個花子, 事事皆虛,
(작인무일점진간적염두 편성적화자 사사개허)
涉世無一段圓活的機趣, 便是個木人, 處處有礙.
(섭세무일단원활적기취 편시개목인 처처유애)

[독해]

인격을 이루는데 있어서 진실하고 간절한 마음이 조금도 없으면 헛된 인형을 만드는 것처럼 모든 일이 공허하고, 세상을 살아가는데 있어서 마음의 움직임과 즐거움이 원활하지 않으면 마치 나무 인형 같아서 가는 곳마다 막히게 된다.

[강의]

인격을 이루는데 있어서 진실하고 간절한 마음이 조금도 없으면 이것은 의식이 없는 하나의 인형과 같아서 일마다 허망하여 실질적인 효과가 없고, 세상 살아가는데 있어서 마음의 움직임과 즐거움이 원활하지 않으면 이것은 감정과 의식이 없는 하나의 나무인형처럼 곳곳에 장애물이 있으니, 좋은 인격을 이루고 세상을 살아가려면 진실한 생각과 원활한 마음의 작용과 흥취를 함께 가져야 한다.

90.

事有急之不白者, 寬之或自明, 毋躁急以速其忿,
(사유급지불백자 관지혹자명 무조급이속기분)

人有操之不從者, 縱之或自化, 毋操切以益其頑.
(인유조지부종자 종지혹자화 무조절이익기완)

[독해]

일을 급하게 서둘면 드러나지 않다가도, 여유롭게 하면 간혹 저절로 밝혀지는 일이 있으니, 조급하게 해서 그 분노가 격해지지 않게 해야 하며, 따르게 하면 따르지 않던 사람도 그냥 두면 간혹 스스로 따르기도 하니, 조절해서 그 완고함을 더하게 하면 안 된다.

[강의]

사고를 조사하는데 급박하게 하면 자백하지 않는 사람이 있으나, 간혹 너그럽게 천천히 하면 당사자가 자백하거나 자연스럽게 사고의 경위가 밝혀지는 일이 있으니, 조급하게 들이대면 도리어 그 사람의 분노와 원한을 사서 조사에 어려움이 생기기 쉽다. 따라서 조급하게 해서 그 분노를 재촉하지 말아야 하고, 다른 사람을 교화할 때 엄격하게 하면 말을 잘 듣지 않는 사람이 있으나 너그럽게 해서 내버려 두면 저절로 감화되는 경우가 있다. 엄격하게 단속하면 도리어 나쁜 감정을 일으켜서 고집을 피워 저항하게 되기 쉬우니, 따라서 지나치게 해서 그 고집을 키우지 않아야 한다.

節義傲青雲, 文章高白雪,
(절의오청운 문장고백설)

若不以德性陶鎔之, 終爲血氣之私技能之末.
(약불이덕성도용지 종위혈기지사기능지말)

[독해]

절의는 청운을 업신여기고 문장은 백설보다 고아해도, 만약에 덕성으로써 갈고닦지 않은 것이면, 마침내 사적인 혈기와 말단의 재주가 된다.

[강의]

절의가 꿋꿋하고 의젓해서 청운을 업신여기고 문장이 깨끗하고 맑아서 백설보다 고결해도, 만약 도덕적 품성으로 도야하고 융화된 것이 아니면 절의는 사적인 혈기로 문장은 말단의 재주로 전락하게 되니, 무인이나 협객의 일시적인 절의와 시인소객들의 실속 없이 화려한 문장이 이런 종류이다.

92.

謝事, 當謝於正盛之時, 居身, 宜居於獨後之地,
(사사 당사어정성지시 거신 의거어독후지지)
謹德, 須謹於至微之事, 施恩, 務施於不報之人.
(근덕 수근어지미지사 시은 무시어불보지인)

[독해]
일에서 물러날 때는 마땅히 전성기 때 물러나고, 머물 곳을 정할 때는
마땅히 홀로 떨어져 있어야 하며, 덕을 근엄하게 하려면 마땅히 아주 작은
일에도 근엄해야 하고, 은혜를 베풀려면 갚지 못할 사람에게 베풀어야
한다.

[강의]
맡은 일에서 물러나려면 세력이 융성할 때 물러나야 세력이 극에 달해
다시 쇠퇴하는 한을 면하게 되고 여유를 두어 끝나지 않은 의미를 살릴
수 있고, 몸이 이익과 욕망의 장소에 머물 때는 남들이 싸우지 않는 곳에
홀로 있으면 남들의 시기를 받지 않고 안전하게 지낼 수 있다. 덕행을
근엄하게 실천할 때에는 아주 작은 일에도 근엄하여 덕을 빠짐없이 베풀어
선행을 완전하게 하며, 은혜를 베풀되 보답할 수 없는 사람에게 베풀면
그 은혜가 진실하고 그 덕이 오래 간다.

93.

德者事業之基, 未有基不固, 而棟宇堅久者,
(덕자사업지기 미유기불고 이동우견구자)

心者修行之根, 未有根不植, 而枝葉榮茂者.
(심자수행지근 미유근불식 이지엽영무자)

[독해]

덕은 사업의 기초가 되는 것이니 기초가 단단하지 않으면 견고한 집은 없으며, 마음은 수행의 뿌리이니 뿌리가 없으면 무성한 가지와 잎이 없듯이 영광을 얻는 사람도 없다.

[강의]

덕과 사업을 비교하면 덕은 기초와 같고 사업은 집과 같아서 기초가 튼튼하게 고정되어 있지 않으면 집이 견고할 수 없으니, 이와 같이 도덕이 확고하지 못한 사람이 이룬 사업은 튼튼하지 못하고 오래 가지 못한다. 사업을 이루려면 먼저 덕을 세워야 하는데, 마음과 수행을 비교하면 마음은 뿌리와 같고 수행은 가지나 잎과 같으니, 뿌리를 깊이 내리지 않고서 가지와 잎이 무성한 나무는 없다. 이처럼 심성을 수양하지 못한 사람은 수행이 제대로 되지 않으니, 행실을 수양하려면 먼저 마음을 수양해야 한다.

94.

道是一件公衆的物事, 當隨人而接引,
(도시일건공중적물사 당수인이접인)

學是一個尋常的家飯, 當隨事而警惕.
(학시일개심상적가반 당수사이경척)

[독해]

도는 하나의 공공의 사물이니 마땅히 사람은 제각각 그에게 맞는 도를 따라야 하고, 배움은 집에서 매일 먹는 음식과 같으니 마땅히 일마다 경계하며 조심스런 자세로 대해야 한다.

[강의]

도는 개인의 소유물이 아니라 자유롭게 갖고 두루 베풀어 쓰는 하나의 공공의 사물이니 마땅히 사람에 따라서 누구라도 맞아서 이끌어 그에게 맞도록 하고, 학문은 일정한 과정만 배우고 다른 것은 다 버리는 것이 아니라 늘 먹는 차와 음식 같으니, 일상의 일마다 경계하며 조심스런 자세로 대해야 한다.

95.

勤者敏於德義, 而世人借勤以濟其貪,
(근자민어덕의 이세인차근이제기탐)
儉者淡於貨利, 而世人假儉以飾其吝,
(검자담어화리 이세인가검이식기린)
君子持身之符, 反爲小人營私之具矣, 惜哉.
(군자지신지부 반위소인영사지구의 석재)

[독해]

근면이란 도덕과 의리의 실행에 민첩한 것인데 세상 사람들은 근면을 빌어서 자기의 탐욕을 구제하고, 검소란 재물과 이익에 담백한 것인데 세상 사람들은 검소를 빌어 그 인색함을 치장하며, 군자의 몸을 지키는 부적이 도리어 소인배의 이익을 만드는 도구로 쓰이니 애석한 일이다.

[강의]

부지런하다는 것은 덕의를 실천하는 일에 민첩하고 나태하지 않은 것을 말하는데, 세상 사람들은 부지런함을 빌어서 구차스럽게 이익과 재물을 탐하는 욕심을 채우고, 검박한 것은 재물에 대해서 욕심이 없음을 말하는데, 세상 사람들은 검박한 것을 빌어서 재화와 이익을 축적하려는 인색함을 치장한다. 덕의를 실천하는 부지런함과 재물에 욕심이 없는 것은 군자의 몸을 지키는 부적인데 소인배들이 이것을 빌어서 사사로운 이익을 영위하는 도구로 사용하니 애석한 일이다.

96.

人之過誤宜恕, 而在己卽不可恕,
(인지과오의서 이재기즉불가서)

己之困辱宜忍, 而在人則不可忍.
(기지곤욕의인 이재인즉불가인)

[독해]

남의 잘못은 용서해야 하지만 자신의 잘못은 용서하면 안 되고, 자신의 곤욕은 참아야 하지만 남의 곤욕은 참지 말아야 한다.

[강의]

다른 사람의 잘못은 마땅히 용서하여 자신의 도량을 넓혀야 하나 자신에게 잘못이 있으면 곧 깊이 깨달아서 잘못된 것을 바로잡아 새롭게 나아가야 하고, 자신이 당하는 곤란과 치욕은 마땅히 참아내어 입지가 변하지 않도록 해야 하며, 남이 곤욕을 겪는 것을 보면 방관하여 지나치지 말고 힘을 다해서 도와야 한다.

97.

恩宜自淡而濃, 先濃後淡者, 人忘其惠,
(은의자담이농 선농후담자 인망기혜)
威宜自嚴而寬, 先寬後嚴者, 人怨其酷.
(위의자엄이관 선관후엄자 인원기혹)

[독해]

은혜는 먼저 박하게 시작하여 나중에는 후하게 베풀어야 하니, 먼저 후하고 나중에 박하면 사람들이 그 은혜를 곧 잊고 만다. 위엄은 엄격하게 시작하여 나중에는 너그럽게 해야 하는데, 먼저 너그럽게 하고 나중에 엄격하게 하면 사람들이 가혹하다고 원망한다.

[강의]

다른 사람에게 은혜를 베풂에는 처음에는 박하게 하고 뒤에는 점점 후하게 해야 하니, 만약에 처음에 후하고 나중에 박하면 그 은혜를 입는 사람의 감동이 갈수록 식어서 그 혜택을 잊게 된다. 위엄을 보임에는 처음에는 엄격하게 하고 뒤에 점점 너그럽게 해야 하니, 만약에 먼저 너그럽게 하고 나중에 엄격하면 위엄을 따르는 사람들의 마음이 점점 괴로워져서 가혹하다고 원망한다.

98.

士君子, 處權門要路, 操履要嚴明, 心氣要和易,
(사군자 처권문요로 조리요엄명 심기요화이)
毋少隨而近腥羶之黨, 亦毋過激而犯蜂蠆之毒.
(무소수이근성전지당 역무과격이범봉채지독)

[독해]

사군자가 권문의 요직에 있을 때는 몸가짐이 엄정하고 명백하고 마음은
화평해야 하고, 조금이라도 탐욕의 비린내가 나는 무리를 따라 가까이
하지 말아야 하며, 또 과격하게 해서 벌과 전갈의 독을 범하지 말아야
한다.

[강의]

사군자가 권세 있고 중요한 지위에 있으면 절조를 지키고 행실을 엄정하
고 공명하게 해야 하고, 마음과 기상은 온화하고 평이하게 해서 조금이라
도 다른 것을 좇아 야비하고 잡된 무리와 가까이 하면 안 되니, 만일 그렇
게 하면 지조와 행실이 타락하게 된다. 또한 과격하게 자신의 기개를 내세
워 남들의 사악함을 공격하여 벌이나 전갈 같은 소인배들의 독침에 쏘이지
않아야 하니, 만일 소인들의 독에 쏘이면 무고한 함정에 빠지게 된다.

99.

遇欺斯的人, 以誠心感動之, 遇暴戾的人, 以和氣薰蒸之,
(우기사적인 이성심감동지 우폭려적인 이화기훈증지)

遇傾邪私曲的人, 以名義氣節激勵之, 天下無不入我陶冶中矣.
(우경사사곡적인 이명의기절격려지 천하무불입아도야중의)

[독해]

사기성이 있는 사람을 만나면 성심으로 감동시키고, 포악한 사람을 만나면 온화한 기운으로 감화시키며, 비뚤어지고 욕심 많은 사람을 만나면 명분과 의리와 기개와 절개로 격려하면, 천하에 자신의 교화함 속으로 들어오지 않는 이가 없다.

[강의]

사기를 치는 사람을 만나면 성실하고 거짓 없는 마음으로 대해서 그 속이려던 생각을 감화시키고 고쳐서 성실하게 만들고, 포악한 사람을 만나면 온화한 마음으로 대해서 향기가 악취를 날려 변화시키듯이 나의 온화한 기운으로 그 포악함을 날려 변화시키며, 비뚤어지고 욕심 많은 사람을 만나면 명분과 의리와 기개와 절개로 움직이고 격려해서 공정하고 정직하게 해야 하니, 그러면 천하에 어떤 사람이라도 자신의 교화함에 들어와서 그 기질을 변화시키지 않을 수 없다.

100.

> 語云, 登山耐險路, 踏雪耐危橋, 一耐字極有意味,
> (어운 등산내험로 답설내위교 일내자극유의미)
>
> 如傾險之人情, 坎坷之世道, 若不得一耐字, 撐持過去,
> (여경험지인정 감가지세도 약부득일내자 탱지과거)
>
> 幾何不墮入榛莽坑塹哉.
> (기하불타입진망갱참재)

[독해]

'산에 오르려면 길이 험해도 참아야 하고, 눈을 밟으려면 다리가 위험해도 참아야 한다.'고 말했다. '내(耐)'라는 한 글자에 아주 깊은 뜻이 있으니, 험악한 인정과 위험한 세상에서 만일 '내'라는 글자 하나를 깊이 새기지 않으면 가시덤불에 걸리고 함정에 빠지지 않을 사람이 있겠는가.

[강의]

옛말에 '산에 오르려면 길이 험해도 참아야 하고, 눈을 밟으려면 다리가 위험해도 참아야 한다.'고 했다. 산에 오르는 사람이 길이 험하다고 두려워 물러서면 끝내 등산할 수 없으니, 더 용기를 내어 나아가 고난을 참고 산정에 오르면 훤히 트인 경치와 아래쪽 연무를 감상할 수 있고, 눈길을 가다가 다리가 위험하다고 두려워 나아가지 않으면 끝내 건너편에 이르지 못하니, 더욱 분발하여 어떠한 고난도 참고 건너면 목적지에 도착해 소기의 목적을 이룰 것이다. '내(耐)'라는 글자 하나에 지극히 깊은 뜻이 담겨 있으니, 산길처럼 험악한 인정을 만나고 눈 덮인 다리처럼 위험한 세상을 살면서 '내' 한 글자를 굳게 새기지 않으면 위험과 고난을 지나 낙원에 이르지 못해 가시덤불이나 함정 같은 고통에 빠질 것이니, 굽힐 줄 모르는 용기로 위험과 고난을 참아내야 원만한 목적을 이루게 된다.

101.

居官有二語, 曰惟公則生明, 惟廉則生威,
(거관유이어 왈유공즉생명 유렴즉생위)
居家有二語, 曰惟恕則平情, 惟儉則足用.
(거가유이어 왈유서즉평정 유검즉족용)

[독해]
관직에서 지켜야 할 두 마디 말이 있으니 공정하면 판단이 현명해지고 청렴하면 위엄이 생긴다는 말이고, 가정에서 지켜야 할 두 마디 말이 있으니 용서하면 감정이 평온해지고 검소하면 필요한 것이 만족된다는 말이다.

[강의]
관직에 있으면 항상 지켜야 할 두 가지 말이 있으니, 공정하면 판단이 현명해지고 청렴하면 위엄이 생긴다는 말인데, 업무를 처리할 때 사사로운 감정에 휩싸여 판단력이 흐려지지 않아 공정하면 공적이 남고, 또한 청렴하여 뇌물에 신경을 쓰지 않으면 어떤 일을 할 때에도 남에게 당당해져서 위엄이 생기게 된다는 말이다. 가정에서도 항상 지켜야 할 두 가지의 말이 있으니, 용서하면 감정이 평온해지고 검소하면 필요한 것이 만족된다는 말인데, 자신의 마음으로 다른 사람의 마음을 헤아려 식구들이 싫어하는 일을 시키지 않고 대단찮은 잘못을 보면 너무 나무라지 말고 항상 너그러이 용서하면 마음이 편해지며, 또 사치하지 않고 검소하여 비용을 아끼면 필요한 것이 만족된다는 말이다. 관직에서는 공정과 청렴, 가정에서는 용서와 검소가 실로 유일한 법문이다.

102.

處富貴之地, 要知貧賤的痛瘍,
(처부귀지지 요지빈천적통양)
當少壯之時, 須念衰老的辛酸.
(당소장지시 수념쇠로적신산)

[독해]

부귀하면 가난하고 천한 고통도 알아야 하고, 젊을 때는 모름지기 늙어서의 괴로움도 생각해야 한다.

[강의]

부귀하면 가난하고 천한 삶의 고통을 알 필요가 있으니, 부귀해서 행복한 사람이 빈천한 고통을 모르면 사정에 어두워 자선의 마음이 없고, 박애의 덕이 모자라면 뭇사람의 원한을 사서 그 부귀를 오래 누리지 못한다. 부귀는 떠도는 구름처럼 계속 변하고 이동해서 일정한 기한이 없으니, 하늘을 덮을 정도로 부귀한 사람이 언제 몰락하여 빈천하게 될지 알 수 없다. 따라서 아무리 부귀한 사람이라도 빈천한 고통을 이해하여 자선을 행하고 박애의 덕을 길러서 그때의 복을 남용치 말고 오래도록 누려야 하고, 신체가 건강하고 혈기가 왕성한 젊은 시절에 늙어서의 괴로움도 생각하여 절도 있는 생활로 늙어서의 건강을 꾀해야 한다.

103.

休與小人仇讎, 小人自有對頭,
(휴여소인구수 소인자유대두)

休向君子諂媚, 君子原無私惠.
(휴향군자첨미 군자원무사혜)

[독해]

소인과는 원수가 되지 않아야 하니 소인은 스스로 적을 만들고, 군자에게는 아첨을 하지 않아야 하니 군자는 원래 사사로운 은혜를 베풀지 않는다.

[강의]

소인을 미워하며 원수를 삼지 말아야 하니, 소인은 사리의 옳고 그른 것을 따지지 않고 다만 상대적인 행위를 해서, 내가 상대를 적대시하면 상대는 적대적인 행동으로 나에게 몇 배의 손해를 가하므로, 원수로 삼지 말고 포용함이 옳다. 군자에게는 아첨하지 말아야 하니, 군자는 원래 공명정대하여 바르지 않으며 사적인 은혜는 베풀지 않으므로 아첨한들 어떤 이익이 있겠는가.

104.

磨礪當如百鍊之金, 急就者非邃養,
(마려당여백련지금 급취자비수양)

施爲宜似千鈞之弩, 輕發者無宏功.
(시위의사천균지노 경발자무굉공)

[독해]

몸과 마음을 단련하려면 쇠처럼 백 번을 단련해야 하니, 급하게 성취하려고 하면 큰 수양을 할 수 없다. 일을 하려면 무거운 활을 쏘는 것처럼 해야 하니, 가볍게 시작하면 큰 공을 이루지 못한다.

[강의]

몸과 마음을 단련하는 것은 마땅히 백 번을 단련하는 쇠처럼 정밀하게 닦고 연마해서 한 점의 흠이 없게 해야 하니, 만일 하루아침의 단련으로 급하게 성취하면 깊이 있는 수양이 아니라 황폐해지기 쉽고, 일을 함에는 마땅히 무겁고 강한 활을 쏘는 것처럼 충분한 준비를 하여 실수가 없게 한 뒤에 시작해야 하니, 만일 준비를 소홀히 하여 시작하면 그 힘이 빗나가 큰 공을 이룰 수 없다.

建功立業者, 多虛圓之士,
(건공입업자 다허원지사)

憤事失機者, 必執拗之人.
(분사실기자 필집요지인)

[독해]

공로를 쌓고 업적을 세운 사람 중에는 마음을 원만히 비운 선비가 많고, 일에 실패하고 기회를 잃은 사람은 반드시 집착하는 사람이다.

[강의]

큰 공을 쌓고 위대한 업적을 세운 사람들 중에는 마음을 비운 사람들이 많으니, 마음을 비운 사람은 마음을 비워 거리낌이 없고 원활하고 자재하여 사물에 얽매이지 않으며 선을 실행하고 기회를 잡아 공로와 업적을 이룬다. 일에 실패하고 기회를 잃은 사람은 반드시 집요한 사람이니, 이런 사람은 한쪽에만 집착하여 사리에 통탈하지 못하고 편협하며 포용하지 못해서 일에 실패하고 기회를 잃게 된다. 그러니 세상을 살면서 큰일을 하려는 사람은 마음을 비우는 것을 배우고 집착하지 않아야 한다.

106.

[독해]

일이 뜻대로 되지 않는다고 근심하지 말고 마음이 흡족하다고 기뻐하지 말아야 하며, 오랫동안 편안하려고 하지 말고 처음에 곤란에 빠지는 것을 어려워하지 말아야 한다.

[강의]

자신의 뜻대로 되지 않는 일은 뜻과 생각과 행동을 단련하는 도가니와 같으니, 이것을 잘 이용해서 자신의 어리석은 점을 고치고 밝은 지혜와 덕을 이루면 훗날에 즐거울 때가 있으므로 뜻대로 안 된다고 걱정하지 말고, 마음을 즐겁게 하는 일은 의지력을 없애서 나태에 빠지게 하여 결국 상심하게 하니, 마음을 즐겁게 하는 일은 즐겨 하지 말아야 한다. 오랫동안 편안하게 있으면서 위기에 대처할 준비를 하지 않으면 갑자기 일이 생겨 위급해지니 오랫동안 편안하다고 마음을 놓으면 안 된다. 어떤 일이라도 처음에는 다소의 고난을 겪고 나서 공적을 쌓게 되므로, 백절불굴의 의지로 고난을 참고 힘차게 나아가면 최후의 성공을 이룰 것이니 처음의 고난을 꺼리지 말아야 한다. 세상일에는 변화가 많아서 일정한 성패가 없으니, 어떠한 경우가 닥쳐도 눈앞의 현상에 얽매이지 말고 사물의 공통적인 이치에 따라 자신의 의무를 다해야 한다.

107.

飮宴之樂多, 不是個好人家, 聲華之習勝, 不是個好士子,
(음연지락다 불시개호인가 성화지습승 불시개호사자)

名位之念重, 不是個好臣士.
(명위지념중 불시개호신사)

[독해]

음주와 연회의 즐거움이 많으면 좋은 집안이 아니고, 이름을 떨치기 좋아하는 습관에 젖으면 좋은 선비가 아니며, 명예와 지위에 대한 생각이 많으면 좋은 신하가 아니다.

[강의]

좋은 집안은 예의를 받들고 은덕을 베푸는 것을 즐겨하니 음주와 연회의 즐기는 집안은 좋은 집안이 아니며, 좋은 선비는 몸가짐을 듬직하게 하는 것을 배우니 노래를 좋아하고 화려함을 숭상하는 선비는 좋은 선비가 아니다. 좋은 신하는 덕과 의리로 충성을 다하니 고개를 돌려 오늘의 조선 상류사회를 보면 이것이 둘도 없는 하나의 커다란 법문이 되지 않을까 한다.

108.

仁人心地寬舒, 便福厚而慶長, 事事成個寬舒氣象,
(인인심지관서 변복후이경장 사사성개관서기상)

鄙夫念頭迫促, 便祿薄而澤短, 事事得個迫促規模.
(비부념두박촉 변록박이택단 사사득개박촉규모)

[독해]

어진 사람은 마음이 너그럽고 넓어서 복이 두텁고 좋은 일이 오래 가며 일마다 너그럽고 넓은 기상을 이루고, 비천한 사람은 생각이 조급하여 복이 박하고 혜택이 짧아서 일마다 서두르는 꼴이 된다.

[강의]

어진 사람은 마음이 넉넉하고 편안해서 널리 사람들을 포용하기 때문에 복이 두텁고 좋은 일이 오래 가며 일마다 너그럽고 편안한 기상을 이루고, 이와 반대로 비천한 사람은 생각이 조급하여 외부 사물의 질시를 받으므로 복이 박하고 혜택이 짧아서 일마다 서두르는 꼴이 되니, 생각을 한 번 하는 것에 세 번을 더 생각하여 너그럽고 넓게 나아가야지 서두르면 안 된다.

109.

用人不宜刻, 刻則思效者去,
(용인불의각 각즉사효자거)

交友不宜濫, 濫則貢諛者來.
(교우불의람 람즉공유자래)

[독해]

사람을 부릴 때는 각박하게 대하지 말아야 하니 각박하게 대하면 열심히 일하려고 했던 사람이 가버리고, 친구를 사귈 때는 아무나 함부로 사귀지 말아야 하니 함부로 사귀면 아첨하는 사람들이 모여든다.

[강의]

사람에게 일을 시킬 때는 각박하게 대하면 안 되니 사람이 남의 일을 하는 것은 그 일에 대한 보답을 받기 때문인데, 각박하게 대해서 보답이 넉넉하지 않으면 그것을 바라던 사람이 실망해서 떠나게 된다. 친구를 사귈 때는 어진 사람과 친하고 악한 사람은 멀리 해야 하니 선악을 구별하지 않고 함부로 친구를 사귀게 되면, 주위에 아첨하는 사람이 많이 모여들고 스스로의 판단력도 떨어져 앞길에 화가 미치게 된다.

110.

大人不可不畏, 畏大人, 則無放逸之心,
(대인불가불외 외대인 즉무방일지심)

小民亦不可不畏, 畏小民, 則無豪橫之名.
(소민역불가불외 외소민 즉무호횡지명)

[독해]

대인을 경외하지 않을 수 없으니 대인을 경외하면 방탕한 마음이 사라지게 되고, 평범한 백성도 경외하지 않을 수 없으니 평범한 백성을 경외하면 힘을 믿고 횡포하다고 하지 않는다.

[강의]

경외한다는 것은 공경하고 삼간다는 뜻이니, 덕이 높고 귀한 직위의 대인을 경외하면 늘 공경하는 마음을 갖게 되어서 방일한 마음이 사라지고, 덕이 없고 직위가 없는 평범한 백성도 경외하지 않을 수 없으니, 평범한 백성을 경외하면 늘 근신하게 되어 교만하고 횡포하다고 하지 않을 것이다. 대인을 업신여기고 평범한 백성을 깔보면 제멋대로 횡포를 부리는 실수를 하게 된다.

111.

事稍拂逆, 便思不如我的人, 則怨尤自消,
(사초불역 편사불여아적인 즉원우자소)

心稍怠荒, 便思勝似我的人, 則精神自奮.
(심초태황 편사승사아적인 즉정신자분)

[독해]

일이 뜻대로 안 될 때는 자신보다 못한 사람을 생각하면 원망하고 탓
하는 마음이 스스로 사라지고, 마음이 나태하고 황폐할 때는 자신보다
나은 사람을 생각하면 정신이 스스로 분발한다.

[강의]

어떤 일이든 하는 일이 뜻대로 되지 않으면 반감이 생겨서 하늘을 원
망하고 다른 사람을 탓하기 쉬우니, 이럴 때는 자신보다 못한 사람 즉
일이 뜻대로 되지 않아 자신보다 더 어려운 사람을 생각하면 원망이 스
스로 사라진다. 예를 들어 가난이 뜻대로 안 되면 하늘이 어째서 자신을
가난하게 하는가 하는 원망과 부자들이 인정이 없어 도와주지 않는다는
원망을 하기 쉬운데, 이럴 때는 자신보다 더 가난한 사람을 생각하면 오
히려 더 풍족하다고 깨달아서 원망이 저절로 사라지게 된다. 또 마음이
나태해져서 부지런히 일할 마음이 없어지면 정신이 해이해지고 황폐해
지기 쉬우니, 이럴 때는 자신보다 나은 사람 곧 더 나은 상황에서도 부지
런한 사람을 생각하면 정신이 스스로 분발하여 근면할 마음이 생긴다.

112.

不可乘喜而輕諾, 不可因醉而生瞋,
(불가승희이경락 불가인취이생진)
不可乘恢而多事, 不可因倦而禪終.
(불가승회이다사 불가인권이선종)

[독해]

기쁨에 들떠 가볍게 승낙하면 안 되고 술에 취해 화를 내면 안 되며, 기분이 좋다고 일을 많이 벌이면 안 되고 지겹다고 하는 일의 마무리를 소홀히 하면 안 된다.

[강의]

일시적인 기쁨에 들떠서 경솔하게 승낙하면 뒤에 그 일을 실천하지 못하는 폐단이 있으므로 경솔하게 승낙하지 말아야 하고, 술에 취해서 화를 내면 횡포해져서 후회하는 일이 많으므로 취해서 화를 내지 말아야 한다. 잠깐 동안의 만족감으로 기분이 좋을 때 객기를 부려서 이것저것 많은 일을 시도하게 되면 그렇게 벌인 일들은 복잡하고 산만하여 좋은 결과를 얻기 어렵고 중도에 위축돼 버리니, 기분이 좋을 때 일을 벌이지 말아야 한다. 일을 시작할 때는 부지런하게 하다가 점점 게을러져 그 일을 제대로 마무리하지 못 하는 사람이 많은데, 그러면 높은 산을 쌓다가 그 공이 수포로 돌아가는 것과 같다. 따라서 게을러서 일의 마무리를 못하게 되는 일은 없어야 하니, 기쁨과 취기와 유쾌함과 태만함을 느낄 때 더욱 근신하여 각종의 폐단이 없도록 해야 한다.

113.

釣水 逸事也, 尚持生殺之炳, 奕碁淸戲也, 且動戰爭之心,
(조수 일사야 상지생살지병 혁기청희야 차동전쟁지심)

可見喜事不如省事之爲適, 多能不若無能之全眞.
(가견희사불여생사지위적 다능불약무능지전진)

[독해]

낚시질은 속세를 벗어난 일이지만 죽이고 살리는 권한을 가지고 있으며, 바둑과 장기는 청아한 놀이지만 전쟁할 마음을 일으킨다. 일을 좋아하는 것은 일을 줄여 적절하게 하는 것만 못하고, 재주가 많은 것은 재주가 없어 본성을 보전함만 못하다.

[강의]

물에서 물고기를 낚는 것은 속세를 떠난 사람들의 일이지만 돌이켜보면 물고기를 죽이고 살리는 일이라 본래의 뜻을 해치는 것이고, 바둑은 속세를 떠난 청렴하고 한가한 놀이지만 또한 흑과 백의 승부를 결정짓는 것이라서 투쟁심을 일으켜 본래의 뜻을 잃는 것이다. 이런 연유로 살펴보면 일을 즐기면서 뜻을 해치는 것이 일을 덜어서 뜻에 맞추는 것만 못하고, 재능이 많아서 몸을 고달프게 하는 것은 재능이 없어서 타고난 본 모습을 보전하는 것만 못하다.

114.

鳥語蟲聲, 總是傳心之訣, 花英草色, 無非見道之文,
(조어충성 총시전심지결 화영초색 무비견도지문)
學者要天機淸徹, 胸次玲瓏, 觸物皆有會心處.
(학자요천기청철 흉차영롱 촉물개유회심처)

[독해]

새가 지저귀고 벌레가 우는 소리는 모두 마음을 전하는 비결이고, 꽃의 영롱함과 풀의 빛깔도 도리를 나타내는 글이 아닌 것이 없으니, 배우는 사람은 심기를 맑고 밝게 하고 가슴을 영롱하게 하여 사물에 닿는 것마다 깨닫는 것이 있어야 한다.

[강의]

전심의 비결은 불교 용어로 우주의 큰 도리와 만물의 진리가 다 한 마음에 있다는 말이다. 부처는 사물이 마음 밖에 따로 있는 것이 아니라고 했는데, 마음이 모든 진리와 하는 일의 근본이라고 말한 것이니, 옛날의 성인들은 자신의 마음을 깨닫고 다른 사람의 마음을 깨우치는 것을 유일한 근본으로 삼았다. 그러나 마음을 깨닫는 것은 결코 말이나 글에 있는 것이 아니며, 기술 또한 정밀하고 오묘한 경지에 이르면 아버지가 아들에게 전수하지 못하고 아들이 전수받지 못하는 것이다. 부처가 49년을 설법한 내용으로 비구름 같이 많은 경전이 만들어졌고, 넓고 큰 덕이 있는 모든 사람이 밝히는 사물의 이치들이 눈송이처럼 많으나 이것은 다 옛 사람들의 찌꺼기에 지나지 않으니, 가끔 말과 글에 집착해서 마음과 힘을 다하고도 진리를 깨닫지 못하는 일이 있다. 따라서 선가에서는 글자를 쓰지 않고 가르침 밖에서 따로 전한다는 '불립문자교외별전(不立文字敎外別傳)'을 주장하니, 이심전심이 이것이다. 그러나 마음은 형체가 없는데 무엇으로 마음을 전하겠는가. 의거할 것이 있어서 그것을 일정한 방법으로 하면 그것 역시 언어와 문자로 전락하고 마음을 전하는 비결이 되지 못하니, 마음을 전하는 비결은 마음을 스스로 수양해서 저절로 깨닫는 것 외에 다른 길이 없다. 그러나 마음 밖에 다른 사물이 없는 것으로 말한다면 자기 마음을 제외하면 세상의 만물 중에 하나도 마음을 전하는 비결이 없지만, 만물이 같은 몸체라고 보면 삼라만상의 어떤 것도 마음을 전하는 비결이 아닌 것이 없다. 새의 지저귐과 벌레의 울음소리도 모두 마음을 전하는 비결이고, 여러 가지 꽃의 아름다운 빛깔과 방초의 푸른색도 도를 보여주는 글이다. 향엄선사가 죽비소리를 듣고 도를 깨닫고, 영운선사는 복숭아꽃을 보고 깨달음을 얻었으며, 뉴턴이 떨어지는 사과를 보고 중력을 주창하고, 와트가 끓는 물로 증기기관을 만든 것은 모두 이것을 증명하는 것이다. 이것들은 다 듣고 보지만 모든 사람이 다 깨닫지 못하고 수천 년의 세월과 수만 리 밖에서 깨닫는 사람이 따로 있으니, 이것은 깨달음이 마음에 있고 외부 사물에 있는 것이 아니기 때문이다. 고요하여 보고 들을 것이 없을 때 스스로 깨닫지 못하고 각각 하나의 사물에 감응해야 깨닫는 것은 자신의 마음이 따로 있는 것이 아니라 만물과 통하는 까닭이다. 하나의 마음이 만물이고 만물이 곧 하나의 마음이니 어떤 것을 갖고 어느 것을 버리겠는가. 배우는 자는 번뇌의 혼탁을 버리고 타고난 심기를 맑은 물처럼 맑게 하여 빙옥처럼 영롱하게 하며 어떤 사물에 접하든지 자신의 마음을 깨달을 수 있어야 한다.

115.

人解讀有字書, 不解讀無字書, 知彈有絃琴, 不知彈無絃琴,
(인해독유자서 불해독무자서 지탄유현금 부지탄무현금)
以跡用, 不以神用, 可以得琴書佳趣.
(이적용 불이신용 가이특금서가취)

[독해]

사람이 글로 쓰인 책은 읽을 줄 알지만 글자가 쓰이지 않은 책은 볼
줄 모르고, 줄이 있는 거문고는 탈 줄 알지만 줄이 없는 거문고는 탈 줄을
모르니, 형체 있는 것을 다루면서 정신은 다루지 못한다면 어찌 거문고와
책의 맛을 안다고 하겠는가.

[강의]

문자는 사물의 상태와 인류의 사상을 나타내는 부호이고 책은 그 부호로
그린 도면이니, 부호와 도면의 원본인 우주의 만상과 수많은 인간사는
실로 종횡무진해서 품격과 오묘함을 다하는 살아 있는 책인데, 다만 그
부호인 문자만 맛보고 정신의 진상을 간파하지 못하면, 그것은 요즘 말로
'기계적 학문'이나 '생물자전'이다. 문자가 없는 책을 읽는 것은 살아 있는
눈으로 정신의 진상을 이해하는 것이니, 예컨대 한나라의 사마천이 20세
에 남쪽 강회지방을 유람하며 산천경계의 정신을 생생하게 잡아서 자신의
문장을 경륜했고, 나중에 사기를 저술할 때 그것을 문장에 넣어 만고의
명문을 만들어 '사기, 이 책 하나가 명산대천에 있다.'는 명언을 전했는데,
이것은 사마천의 대문장이 산천과 풍물에 있는 문자 없는 책을 읽은 결과
이다. 세상 사람들은 문자가 있는 책만 읽고 문자가 없는 책은 읽지 못하며
현이 있는 거문고만 타고 현이 없는 거문고는 탈 줄 모르는데, 거문고의
현은 튕겨 주어야 소리를 내는 피동적 물건에 불과하여 현으로 소리를

내면 사람들의 귀를 즐겁게 할 뿐이니, 절묘함을 다한 소리 없는 가락은 현을 떠나서 오래된 오동나무에 존재한다. 도연명이 현이 없는 거문고를 만지며 '거문고에 깃든 흥취만 얻으면 되지 어찌 현 위의 소리를 힘들게 하는가.'라는 시를 지었는데, 이것은 그가 현이 없는 거문고를 알고 있었다는 것이다. 한걸음 더 나아가 말하자면 험준한 산과 광활한 바다에서 듣는 오묘한 곡조는 현과 오동나무를 떠나서 모든 자연에 존재하므로, 다만 문자가 있는 책만 읽고 현이 있는 거문고만 타는 사람은 형체만 사용하고 정신은 사용하지 못하는 것이니, 어찌 거문고와 책의 오묘하고 아름다운 맛을 얻겠는가.

116.

山河大地已屬微塵，而況塵中之塵，
(산하대지이속미진 이황진중지진)

血肉身軀且歸泡影，而況影外之影，非上上智，無了了心
(혈육신구차귀포영 이황영외지영 비상상지 무료료심)

[독해]

산하와 대지도 이미 작은 티끌에 지나지 않고, 티끌 속의 티끌이나 사람의 신체도 또한 거품이나 그림자에 지나지 않은데, 하물며 그림자 밖의 그림자는 말할 필요 없으니, 뛰어난 지혜가 아니면 진실한 깨달음도 없다.

[강의]

하늘과 땅도 만들어져서 파괴되고 산하와 대지는 하나의 티끌이 모여 쌓인 티끌의 집합체라서 파괴될 때는 집합체가 흩어져 티끌이 된다. 산하와 대지 같은 광대한 물체도 파괴를 면하지 못해 티끌이 되는데, 하물며 티끌 중의 티끌인 사람, 즉 산하와 대지 속에서 잠시 살다가 사라지는 사람이 어찌 티끌로 돌아감을 면하겠으며, 또 사람의 육신도 고작 백 년을 유지하다가 한 번 죽으면 그림자같이 사라지는데, 하물며 그림자 중의 그림자인 사람에게 속한 부귀와 공명이 어찌 영원하게 보존되겠는가. 우주의 모든 사물 중에 하나도 영원한 것이 없는데 어찌 구구한 사물에 집착해서 쇄락함을 자재하지 못하는가. 최상의 명석한 지혜가 아니면 진실한 깨달음은 없는 것이다.

117.

石火光中, 爭長競短, 幾何光陰,
(석화광중 쟁장경단 기하광음)
蝸牛角上, 餃雌論雄, 許大世界.
(와우각상 교자논웅 허대세계)

[독해]

돌멩이가 부딪쳐 일어나는 빛 속에서 길고 짧음을 다투니 얼마나 긴 세월이고, 달팽이 뿔 위에서 자웅을 가리니 얼마나 큰 세계이겠는가.

[강의]

인생의 백 년은 긴 시간에 비하면 돌이 부딪쳐 불꽃이 일어나는 짧은 순간에 불과하니, 이 짧은 시간을 두고 길고 짧음의 득실을 따지는 것은 부질없는 일이다. 〈장자〉에서는 '달팽이의 왼 뿔에 촉씨(觸氏)라는 나라가 있고 오른 뿔에 만씨(蠻氏)라는 나라가 있는데, 때때로 두 나라가 땅을 차지하려고 다투니 쓰러진 시체가 수만이고, 패주하는 적을 쫓다가 보름 후에는 다시 되쫓긴다.'고 했다. 이것은 비좁은 세상에서 인간과 사물이 구구하게 이해를 따지며 싸우고 서로 해치는 것을 두고 풍자한 우화이다. 생각이 트인 사람의 눈으로 살펴보면, 이 세상이 달팽이의 뿔과 같고, 영웅호걸의 큰 전쟁도 만씨와 촉씨의 싸움과 다름없으니, '청허(清虛)' 화상의 시에 '많은 나라의 성이 개미 둑과 같고, 수많은 호걸들이 초파리 같다.'고 말한 것도 이런 뜻이다. 달팽이의 뿔 위에서 자웅을 겨루면 그것이 얼마나 넓은 세계이겠는가. 달관한 마음으로 우주의 영원함을 안다면, 백 년의 삶속에서 자웅을 겨루고 이해득실을 따지는 것이 어찌 구차하지 않겠는가.

118.

延促由於一念, 寬窄係之寸心,
(연촉유어일념 관착계지촌심)

故機閒者, 一日遙於千古, 意寬者, 斗室廣於兩間.
(고기한자 일일요어천고 의관자 두실광어양간)

[독해]

길고 짧은 것이 하나의 생각에 달려 있고 넓고 좁은 것은 촌심에 달려 있으니, 따라서 마음에 여유가 있는 사람은 하루가 천년같이 느껴지고 뜻이 넓은 사람은 작은 집도 하늘과 땅 사이보다 넓게 느껴진다.

[강의]

시간이 지연되거나 촉박한 것은 해와 달에 있지 않고 사람의 생각을 따르고, 좁고 넓은 것은 막히고 통하는 데 있지 않고 사람의 마음에 달려 있으므로, 마음이 여유롭고 한가한 사람은 하루의 짧은 시간을 보내는 것도 천고의 오랜 시간을 보내는 것처럼 길어서 조급하고 바쁜 태도를 보이지 않고, 뜻이 넓은 사람은 작은 집에 있어도 하늘과 땅 사이보다 넓게 느껴서 좁다고 느끼지 않는다. 주어진 시간과 공간은 본래 정해진 것과 다름없는데, 길거나 짧고 넓거나 좁은 것의 차이는 하나의 생각으로 가정해 놓은 때문이니, 어찌 자신의 마음으로 스스로 바쁘고 속이 좁아지게 해서 긴 시간을 짧게 하고 넓은 공간을 좁게 하는가.

趨炎附勢之禍, 甚慘亦甚速,
(추염부세지화 심참역심속)

樓恬守逸之味, 最淡亦最長,
(누념수일지미 최담역최장)

[독해]

불꽃처럼 권세에 아첨하고 따라가서 얻는 재앙은 매우 참담하고 또 빠르며, 고요하게 살고 편안함을 지키는 맛은 가장 담백하고 또 오래간다.

[강의]

불꽃처럼 왕성한 권세를 좇아 아첨하는 사람은 그 재앙이 매우 참담하고 또 매우 빠르니, 권세를 좇아 아첨하는 사람은 명예와 이익을 탐하는 마음이 강해서 의지와 기개를 잃고 아첨하여 갖은 부도덕한 행위로 한 때의 욕심을 채우다가 하루아침에 그 힘을 잃으면 참담한 재앙을 당하기 때문이다. 티끌로 가득 찬 세상의 명예와 이익을 뜬구름처럼 보며 고요하게 살고 편안함을 지키면서 살면 그 맛이 가장 담백하고 또 오래갈 것이다.

120.

色慾火熾, 而一念及病時, 便興似寒灰,
(색욕화치 이일념급병시 변흥사한회)

名利飴甘, 而一想到死地, 便味如嚼蠟,
(명리이감 이일상도사지 변미여작랍)

故人常憂死慮病, 亦可消幻業, 而長道心.
(고인상우사려병 역가소환업 이장도심)

[독해]

색욕이 불처럼 거세게 타오르다가도 병들었을 때를 생각하면 문득 흥취가 식은 재 같아지고, 명리가 엿처럼 달콤하다가도 죽음을 생각하면 문득 맛이 밀랍을 씹는 것 같아지니, 사람이 언제나 죽음을 걱정하고 병을 염려하면 가히 헛된 일을 없애고 도를 좇는 마음을 기를 수 있다.

[강의]

사람이 혈기가 왕성할 때는 색욕이 불처럼 타오르지만 병이 들어 피로하고 괴로울 때를 생각하면 그 흥미가 사라져서 식은 재와 같고, 욕심이 생겨나서 마음을 가리면 명예와 이익의 맛이 엿처럼 달지만 죽음을 생각하면 그 맛이 밀랍을 씹는 것 같다. 그러므로 사람이 언제나 죽는 것을 걱정하고 병든 것을 염려하면, 색욕이나 명예나 이익 등의 헛된 일을 없애고 곧은 절조와 미덕으로 진실한 도리를 따르는 마음을 기를 수 있다.

121.

貪得者, 分金恨不得玉, 封侯怨不受公, 權豪自甘乞丐,
(탐득자 분금한부득옥 봉후원불수공 권호자감걸개)
知足者, 藜羹旨於膏粱, 布袍煖於狐貉, 編民不讓王公.
(지족자 여갱지어고량 포포난어호학 편빈불양왕공)

[독해]

얻으려고 욕심내는 사람은 금을 나누어 주면 옥을 얻지 못해 한탄하고, 후작으로 봉하면 공작이 되지 못해 원망하며, 권세가 있고 부유하면서도 스스로 거지 노릇을 달게 여긴다. 만족할 줄 아는 사람은 명아주국을 귀한 음식보다 맛있게 여기고, 베옷도 여우나 담비의 가죽보다 따뜻하게 여기며, 서민이면서도 신분이 높은 사람을 부러워하지 않는다.

[강의]

많이 얻으려고 욕심내는 사람은 금을 나누어 주면 다시 옥을 얻지 못해 한탄하고, 후작으로 봉하면 또 공작이 되지 못해 원망하며, 권세 있고 부유하면서도 늘 부족하다는 마음을 품고 있어서 구차스러운 걸인의 생각과 태도를 달게 여긴다. 이와 반대로 만족할 줄 아는 사람은 명아주국도 고량 진미보다 맛있게 여기고, 거친 베옷도 여우나 담비의 가죽보다 따뜻하게 여겨 조금도 불만이 없고, 벼슬이 없는 평민이면서도 마음이 항상 편안하여 신분이 높은 사람에게 겸손하거나 양보하지 않으니, 불경에 '만족을 아는 사람은 땅에 누워도 안락하고, 만족을 모르는 사람은 천당에 있어도 마음이 불편하다.'는 말이 이것이다. 사람의 고락은 부귀와 빈천에 있지 않고 자신의 마음에 있는 것이니 부귀를 꾀함에 급급하지 말고 자신의 마음을 닦는데 근면해야 한다.

122.

山林是勝地, 一營戀, 便成市朝, 書畵是雅事, 一貪癡, 便成商賈,
(산림시승지 일영련 편성시조 서화시아사 일탐치편성상고)

蓋心無染著, 欲界是仙都, 心是係戀, 樂境成悲地.
(개심무염저 욕계시선도 심시계련 낙경성비지)

[독해]

산과 숲은 아름다운 곳이지만 한 번 현혹되면 곧 장터가 되고, 글과
그림은 청아하지만 한 번 탐내어 어리석어지면 장사꾼이 되니, 마음이
오염되지 않고 집착하지 않으면 욕망의 장소도 곧 신선이 사는 곳이고,
마음이 얽매이면 즐거운 장소도 비참한 곳이 된다.

[강의]

산림은 속세를 벗어난 경치 좋은 곳이지만 이것에 현혹되면 속세를 탐내
고 즐기는 곳과 같아서 명예와 이익에 현혹되는 장터가 되니, 산림과 시장
이 겉을 보면 다르나 탐내고 즐기는 곳이라는 데에는 같다. 글과 그림은
이익과 욕망을 떠난 청아한 일이지만 이것을 탐내어 어리석어지면 청아한
운치가 사라지고 욕심이 끝이 없는 영리적인 장사가 되니, 마음이 오염되
지 않고 집착하지 않으면 욕망의 장소도 곧 신선이 사는 곳이고, 마음이
얽매이면 즐거운 장소도 비참한 곳이 된다.

123.

時當喧雜, 則平日所記憶者, 皆漫然忘去,
(시당훤잡 즉평일소기억자 개만연망거)
境在清寧, 則夙昔所遺忘者, 又怳爾現前,
(경재청녕 즉숙석소유망자 우황이현전)
可見靜躁稍分, 昏明頓異也.
(가견정조초분 혼명돈이야)

[독해]

시끄럽고 복잡한 때는 평소에 기억하던 것도 잊고, 청결하고 편안하면 옛날에 잊었던 것도 흐릿하게 눈앞에 나타난다. 고요함과 시끄러움이 조금만 갈리어도 어둡고 밝음이 뚜렷이 달라짐을 알 수 있다.

[강의]

시끄럽고 복잡한 때는 평소에 역력하게 기억하던 일도 다 잊어버리니, 이것은 심신이 주위 환경이 시끄럽고 복잡하여 혼란스런 탓이다. 청결하고 편안하면 예전에 잊었던 일도 흐리나마 뚜렷하게 눈앞에 나타나니, 이것은 심신이 주위 환경이 청결하고 편안하여 맑은 때문이다. 고요함과 시끄러움이 조금만 갈리어도 어둡고 밝음이 뚜렷이 달라짐을 알 수 있으니, 사람은 청결하고 편안해야 하고 시끄럽고 복잡한 것은 떠나야 한다.

124.

出世之道, 即在涉世中, 不必絕人以逃世,
(출세지도 즉재섭세중 불필절인이도세)
了心之功, 即在盡心內, 不必絕欲以灰心.
(요심지공 즉재진심내 불필절욕이회심)

[독해]

속세를 벗어나는 길은 바로 세상을 살아가는 가운데 있으니 반드시 사람들과 절교해서 세상을 도피하는 것이 아니고, 마음을 깨닫는 것은 바로 마음을 다하는 속에 있으니 반드시 욕망을 끊고 마음을 재로 만들 필요는 없다.

[강의]

속세를 벗어나는 것은 마음이 속세의 탐욕과 집착에서 떠나는 일이지 육체가 세상을 떠나서 인간세상과 인연을 끊는 것이 아니다. 도를 닦는 사람이 속세를 벗어나는 길이 세상 밖에 있다고 생각하고 세간을 떠나서 초연히 심산유곡에 들어가 사회적 관계를 영원히 단절하고 각종 염세적인 수행을 하는 것은 잘못이다. 세상의 장터를 떠나 산속의 세상으로 들어가서 무엇을 버리고 무엇을 얻겠으며, 산속이 속세를 벗어난 곳이라고 가정하더라도 속세의 탐욕과 집착에서 벗어나려고 속세를 벗어나려는 탐욕과 집착을 가지면 속세의 탐욕과 집착이 되므로 출세간의 탐욕과 집착이 모두 같은데, 어찌 탐욕과 집착에서 벗어나려는 본래의 뜻과 부합하겠는가. 따라서 인간 세상의 사회적인 관계를 끊고 산림의 고적함에 탐닉하여 목석같은 생활을 하는 것은 속세를 벗어나는 길이 아니니, 속세를 벗어나는 길은 세상을 살아가는 데 있으며 속세에 있으면서 속세에 탐닉하지 않는 것이다. 예컨대 연꽃이 진흙 속에서 피되 진흙에 물들지 않고 도리어 선명한 꽃을 피우며 미묘한 향기를 내면 이것은 진흙에 있어도 진흙에서 벗어나는 것이니, 속세를 벗어나는 길을 찾는 사람은 마땅히 연꽃에서 배워야 한다. 요심(了心)이라는 것은 자신의 심성을 분명하게 깨닫는 것이니, 요심의 공은 마음을 다하여 수련하는 데 있다. 사람이 감정과 욕망을 영구히 끊고 감정도 없는 마른 나무처럼 되거나 심기가 어두워져서 온기가 조금도 남지 않은 식은 재와 같이 되면 안 되니, 고요한 가운데 망상을 씻어내고 마음의 움직임을 슬기롭게 살리면 깨달음의 공을 얻을 수 있다.

我不希榮, 何憂乎利祿之香餌,
(아불희영 하우호이록지향이)
我不競進, 何畏乎仕官之危機.
(아불경진 하외호사관지위기)

[독해]

자신이 영화를 바라지 않으면 어찌 이익과 녹봉의 유혹을 우려하겠으며, 자신이 출세를 다투지 않으면 어찌 관직이 위태로운 것을 두려워하겠는가.

[강의]

한나라의 병서인 〈삼략〉에는 '향기로운 미끼 아래에 반드시 죽은 물고기가 있고, 후한 상 뒤에는 용맹스러운 사람이 있다.'고 했으니, 향기로운 미끼는 물고기를 잡는 물건이고 이익과 재물은 사람을 낚는 향기로운 미끼이다. 동서고금의 역사적인 인물 속에는 이익과 재물을 탐내다가 충성과 절의를 잃고 치욕의 길을 갔던 사람이 얼마나 많은가. 이것은 자신만의 영화를 꾀하려는 마음이 앞섰기 때문으로 자신이 영화를 꿈꾸지 않으면 어째서 이익과 뇌물의 미끼에 낚일 것을 걱정하겠는가. 직위의 진급을 꾀하고 권세를 얻기 위해 가혹한 경쟁으로 풍파를 일으키면 예측하지 못한 위기를 만나게 된다. 근래에 여러 나라에서 내각을 조직하고 선거를 치를 때 각 정당의 맹렬한 다툼으로 인하여 서로 시기하고 심하면 살해의 참상이 일어나는데, 이것이 그런 것이다. 만약에 출세를 다투지 않으면 무엇 때문에 관직의 위기를 두려워하겠는가.

126.

世人只緣認得我字太眞, 故多種種嗜好種種煩惱,
(세인지연인득아자태진 고다종종기호종종번뇌)

前人云, 不復知有我, 何知物爲貴,
(전인운 불복지유아 하지물위귀)

又云知身不是我, 煩惱更何侵, 眞破的之言也.
(우운지신불시아 번뇌갱하침 진파적지언야)

[독해]

세상 사람들이 다만 '아(我)'라는 글자를 너무 참되게 알아서 여러 가지의 기호와 번뇌가 많은지라, 옛 사람이 이르기를 '다시 내가 있음을 알지 못하면 어찌 물건의 귀함을 알겠는가.' 했고, 또 이르기를 '이 몸이 내가 아니란 것을 알면 번뇌가 어찌 침범하겠는가.' 했으니, 참으로 파격적인 말이다.

[강의]

세상 사람들이 '我'를 너무 참되게 알아서 여러 가지 기호와 번뇌가 많은지라, 옛사람이 말하되 '자신이 있음을 알지 못하면 어찌 물건의 귀함을 알며 이 몸이 자신 아니란 것을 알면 번뇌가 어찌 침범하겠는가.'라고 했으니, 이것은 맞는 말이다. 왜냐하면 자신의 육체는 땅과 물과 불과 바람 등 여러 가지 원소의 집합체로서 무상한 생로병사의 변화에 따라 갑자기 생겨났다가 갑자기 사라지는 것이라 진실한 자아가 아닌데, 세상 사람들은 이렇게 무상한 거짓된 자아를 항상 불변하는 참된 자아로 알고 집착하여 여러 가지의 기호와 번뇌를 일으키니, 자아의 무상함을 간파하고 무아(無我)의 이치를 깨달으면 자아에 대한 감정이 모두 사라져서 마음속의 번뇌와 외부 사물의 귀천을 가리는 마음이 모두 사라질 것이다. 이것은 자아가 없으면 사물도 없고 사물이 없으면 자아와 사물 사이에 생기는 좋고 싫은 감정이 모두 사라지기 때문이니, 개인주의적인 자아를 애착하여 모든 공적인 이익을 사절하는 사람이 얼마나 자신을 보전하겠는가. 무아라는 말이 참으로 파격적인 말이다.

眼看西晉之荊榛, 猶矜白刃, 身屬北邙之狐兎, 尚惜黃金,
(안간서진지형진 유긍백인 신속북망지호토 상석황금)

語云猛獸易伏, 人心難降, 溪壑易滿, 人心難滿, 信哉.
(어운맹수이복 인심난항 계학이만 인심난만 신재)

[독해]

눈으로는 서진의 가시덤불을 보면서 오히려 하얀 칼날을 자랑하고, 몸은 북망산의 여우나 토끼의 것인데도 황금을 아끼니, 맹수는 굴복시키기 쉬워도 사람의 마음은 항복시키기 어렵고, 계곡을 채우기는 쉬워도 사람 마음은 채우기 어렵다고 했는데, 맞는 말이다.

[강의]

서진 사람 삭정이 나라가 장래에 망한다는 것을 알고 낙양 궁궐 문에 있는 구리로 만든 낙타를 가리키며 '네가 반드시 우거진 잡목 숲에 있게 될 것이다.'고 말했는데, 후에 그 말처럼 서진은 멸망했다. 세상의 사물은 아무리 융성해도 반드시 쇠망하게 되니, 부강하고 태평하던 서진도 하루아침에 멸망하여 도성 문에 잡목 숲이 되었는데 필부의 용기를 어떻게 믿겠는가. 나라가 망하고 남은 흔적인 서진의 잡목 숲을 보며 필부가 용기를 내어 빛나는 칼날을 자랑해보지만 그 용기가 얼마나 가겠으며, 사람으로 태어나서 죽지 않는 사람이 어디 있겠는가. 곧 죽어서 육체는 북망산에 묻혀 여우와 토끼의 먹이가 되는데, 이것을 알면서도 오히려 황금을 아껴서 영원히 살 것처럼 궁리하니 너무 어리석은 일이 아닐 수 없다. 옛말에 '맹수는 제압하기 쉽지만 사람의 마음은 항복시키기 어렵고, 깊고 넓은 골짜기는 채우기 쉽지만 사람의 마음은 만족시키기 어렵다.' 했으니, 맞는 말이다. 이것은 객기와 같은 용기와 탐하는 욕심이 한이 없다는 말이다.

128.

狐眠敗砌, 兎走荒臺, 盡是當年歌舞之地,
(호면패체 토주황대 진시당년가무지지)

露冷黃花, 煙迷衰草, 悉屬舊時爭戰之場,
(노랭황화 연미쇠초 실속구시쟁전지장)

盛衰何常, 强弱安在, 念此, 令人心灰,
(성쇠하상 강약안재 염차 영인심회)

[독해]

여우가 무너진 섬돌에서 잠자고 토끼가 황폐한 누대에서 달리지만 모두가 옛날에 노래하고 춤추던 땅이고, 이슬이 국화에 맺히고 안개가 시든 풀에 어리니 모두 옛날 전쟁하던 곳이다. 성하고 쇠함이 어찌 한결 같으며 강하고 약함이 어디 있겠는가. 이것을 생각하면 사람의 마음은 싸늘한 재가 된다.

[강의]

여우가 무너진 섬돌에서 잠자고 토끼가 황폐해진 누대에서 달리니 그 황량함을 인정 못하지만, 이곳은 모두 옛날 화려하게 치장된 누각에 미인과 재사들이 모여 하얀 이를 드러내며 노래하고 춤추던 땅이고, 또 흰 이슬이 국화에 맺히고 푸른 안개가 시든 풀에 어려 그 처량함이 그지없지만, 이곳도 지난 날 늘어선 진영과 높은 망루에서 영웅호걸들이 호령하며 수많은 깃발과 무기로 전쟁하던 곳이다. 옛날의 부귀와 지난날의 성하고 쇠함이 홀연히 흐르는 물과 구름처럼 사라지니 성하고 쇠함이 어찌 한결 같으며 강하고 약함이 어디 있겠는가. 절세 호걸의 영화와 천고 영웅의 권능을 망망한 세상의 어디에서 찾겠는가. 이것을 생각하면 명예와 이익을 탐내는 마음이 자연히 사라지고 싸늘한 재가 된다.

129.

晴空朗月, 何天不可翶翔, 而飛蛾獨投夜燭,
(청공낭월 하천불가고상 이비아독투야촉)

淸泉綠竹, 何物不可飮啄, 而鴟鴞偏嗜腐鼠,
(청천녹죽 하물불가음탁 이치효편기부서)

噫世之不爲飛蛾鴟鴞者, 幾何人哉.
(희세지불위비아치효자 기하인재)

[독해]

활짝 갠 하늘과 밝은 달빛이 있는 어느 하늘을 날 수 없을까마는 불나방
은 유난히 밤의 등불 속으로 뛰어들고, 맑은 샘과 푸른 대나무 어느 것인들
먹지 못할까마는 올빼미는 기껏 썩은 쥐를 좋아하니, 세상에서 불나방과
올빼미처럼 되지 않는 사람이 얼마인가.

[강의]

맑은 하늘과 환한 달빛은 광활하고 청명하여 만물이 어디든 갈 수 있는
데 불나방은 유난히 밤의 등불 속으로 뛰어들어서 타죽으니 이것은 불나방
이 스스로 자초한 것이고, 맑은 샘물이 있고 푸른 대나무 열매가 수없이
열려서 먹고 마시는데 부족하지 않은데 올빼미는 유난히 썩은 쥐를 좋아하
여 다른 맛을 모르니 이것은 올빼미 자신의 못난 탓이다. 세상 사람들이
드넓은 천지에서 먹고 마시는데 자유롭지 못하고 하찮은 명리만 탐하다가
일생을 보내며 재앙과 낭패에 빠지는 것이 불나방이나 올빼미와 같으니,
세상에서 불나방과 올빼미처럼 되지 않는 사람이 얼마이겠는가. 실로 애석
한 일이다.

130.

權貴龍驤, 英雄虎戰, 以冷眼視之, 如蠅聚羶, 如蟻競血,
(권귀용양 영웅호전 이냉안시지 여의취전 여승경혈)
是非蜂起, 得失蝟興, 以冷情當之, 如冶化金, 如湯消雲.
(시비봉기 득실위흥 이냉정당지 여야화금 여탕소운)

[독해]

권력과 부귀가 용처럼 날뛰고 영웅들이 호랑이처럼 싸우는 것도 냉철한 눈으로 보면 파리가 비린내 나는 것에 모여들고 개미가 다투어 피를 빠는 것과 같으며, 시비가 벌떼처럼 일어나고 이해득실이 고슴도치 털처럼 일어서는 것도 냉철한 마음으로 대하면 풀무로 쇠를 녹이고 끓는 물로 눈을 녹이는 것과 같다.

[강의]

권력과 부귀를 누리는 사람이 독용과 같이 날뛰며 세력을 다투고, 영웅이 맹호와 같이 싸워서 승부를 내는 것이 당사자들의 생각에는 천하의 대사를 행하는 것 같으나, 세력과 승부를 다투는 마음이 없는 달인의 냉철한 눈으로 보면, 파리가 비린내 나는 것에 모여서 서로 다투는 것과 같고 개미가 다투어 피를 빠는 것과 같아서 실로 추해 보인다. 또 시비를 가리는 일이 벌떼처럼 일어나고 이해득실이 고슴도치 털처럼 일어나 서로 얽혀서 단서를 찾기 어려워져도, 도인의 냉철한 마음으로 보면 풀무로 쇠를 녹이고 끓는 물로 눈을 녹이는 것과 같이 시비득실이 일시에 사라져서 마음에 있는 생각을 방해하지 못한다.

> **以我轉物者, 得固不喜, 失亦不憂, 大地盡屬逍遙,**
> (이아전물자 득고불희 실역불우 대지진속소요)
> **以物役我者, 逆固生憎, 順亦生愛, 一毛便生纏縛**
> (이물역아자 역고생증 순역생애 일모변생전박)

[독해]

자신이 사물을 변화시키는 사람은 얻어도 진실로 기뻐하지 않고 잃어도 역시 걱정하지 않아서 대지가 모두 노니는 곳이고, 사물로 자신을 변화시키는 사람은 뜻대로 안 되면 진실로 증오하고 그렇지 않으면 애착이 생겨 털끝만한 것에도 얽매이게 된다.

[강의]

자신이 주체가 되어서 외부사물을 변화시키는 사람은 하나의 사물을 얻어도 놀라거나 기뻐하지 않고 하나의 사물을 잃어도 역시 걱정하지 않아서 드넓은 천지에 소요하니, 사물이 다가오면 얻고 사물이 떠나면 잃어버려서 그 득실을 사물에 일임해서 마음속에 기쁘거나 걱정하지 않는다는 것이다. 이와 반대로 사물로써 자신을 변화시키는 사람은 자신이 사물에 의해 움직여서 뜻대로 안 되면 증오하고 뜻대로 되면 애착이 생겨 털끝만한 사물에도 얽매이니, 이것은 일체의 사물에 탐닉하고 집착하는 것이다. 따라서 외부사물의 사정에 따라서 마음속에 애증을 낳게 된다.

試思未生之前有何象貌, 又思旣死之後有何景色,
(시사미생지전유하상모 우사기사지후유하경색)

則萬念灰冷, 一性寂然, 自可超物外而遊象先.
(즉만념회랭 일성적연 자가초물외이유상선)

[독해]

전생에 자신의 모습이 어땠는지 또 사후에는 어떤 모습이 될지 한 번 생각해보면, 만 가지의 생각이 재처럼 식고 오직 하나의 본성만이 고요하게 남게 되니, 스스로 사물을 초월하여 형상이 생기기 전의 외부세계에서 노닐게 된다.

[강의]

사람은 태어난 후에 형상이 나타나며 태어나기 전에는 어떤 모습이었는지 알 수가 없으므로, 자신이 태어나기 전에 어떤 모습이었는지 생각하면 크고 작거나 곱고 미운 모든 형상은 사라지니, 사람은 살아 있는 동안에 그 행색이 있으니 죽은 후에는 어떤 행색이 있겠는가. 따라서 죽은 후의 행색을 생각하면 빈부강약 등의 여러 가지 행색이 사라질 것이니, 태어나서 죽기 전까지 구차한 삶에 무슨 진실이 있겠는가. 이것을 생각하면 불꽃처럼 타오르는 천만 가지의 망상이 홀연히 식어 사라지고 고요해져서 사람의 유일한 본성이 드러나며, 만물의 탄생을 초월하고 만 가지의 형상이 나눠지기 전의 오부세계로 돌아가 노닐게 될 것이다.

133.

繩鋸木斷, 水適石穿, 學道者須要努力,
(승거목단 수적석천 학도자수요노력)

水到渠成, 苽熟滯落, 得道者一任天機.
(수도거성 고숙체락 득도자일임천기)

[독해]

끈으로 톱질을 해서 나무가 잘라지고 물방울이 떨어져서 돌에 구멍이
나니, 도를 배우는 사람은 마땅히 노력해야 한다. 물이 여울이 되고 열매
가 익으면 꼭지가 떨어지듯이 도를 얻으려는 사람은 하늘의 뜻에 따라
모두 맡겨야 한다.

[강의]

가는 줄로 쉬지 않고 톱질을 계속하면 단단한 나무도 잘라지고, 작은
물방울이 오랫동안 떨어지면 단단한 돌에도 구멍이 나게 되니, 도를 배
우는 사람도 게을러서 중지하지 말고 부단하게 노력해야 한다. 물이 흘
러 여울을 이루고 열매가 익어 꼭지가 떨어지는 것은 자연이 빚어내는
형세라, 도를 배우는 것도 이와 같아서 공력을 쌓아 원만해지면 자연스
럽게 도를 얻게 되므로, 사람은 다만 공력을 쌓을 뿐 도를 얻는 결과는
하늘의 뜻에 맡기고 기대하지 않아야 한다. 사업을 경영하는 사람도 자
신의 마음을 다해서 할 일을 해야지 성공과 실패의 결과는 묻지 말아야
한다.

134.

人生原是一傀儡，只要根蔕在手，一線不亂，券舒自由，
(인생원시일괴뢰 지요근체재수 일선불란 권서자유)

行止在我，一毫不受他人提掇，便超出此場中矣.
(행지재아 일호불수타인제철 편초출차장중의)

[독해]

인생은 본래 하나의 꼭두각시라 다만 손잡이를 손에 쥐고 한 가닥의 실도 헝클어지지 않게 해야 하고, 감고 푸는 것이 자유롭고 움직이고 멈추는 것을 내 마음대로 하여 털끝만큼도 다른 사람의 간섭을 받지 않고 이 극장을 초월해야 한다.

[강의]

우주는 만물이 있는 극장이고 인간은 등장하는 꼭두각시라, 꼭두각시는 사전에서 나무 인형이라 하며 사람이 만든 기계적인 인형으로 기관에 줄을 연결해서 그 줄의 한 끝을 조종하는 사람이 잡고 손으로 줄을 움직여서 여러 가지 동작을 하는 것이니, 여기에서 꼭두각시라고 하는 것은 조종하는 사람까지 합한 꼭두각시의 전체 역할을 통칭하는 것이다. 꼭두각시의 역할은 극장의 중심이 되므로 세상이라는 대극장에서 중심이 되는 인간을 꼭두각시에 비유한 것이다. 인간이 꼭두각시라면 가장 중요한 줄을 자신의 손에 쥐고 하나의 줄도 헝클어지지 않게 해서, 감고 풀기를 자유롭게 하고 가고 멈추는 것을 자신의 뜻대로 해서 털끝만큼도 타인의 간섭을 받지 않고 이 극장에서 초월해야 하는 것이다.

135.

勢利紛華, 不近者爲潔, 近之而不染者爲尤潔,
(세리분화 불근자위결 근지이불염자위우결)

智械機巧, 不知者爲高, 知之而不用者爲尤高.
(지계기교 부지자위고 지지이불용자위우고.)

[독해]

권세와 이익의 어지럽고 화려한 것에 가까이 하지 않는 사람을 청결하다 하지만 가까이하고서도 물들지 않는 사람이 더 청결한 사람이고, 정교한 지혜의 재능을 모르는 사람을 고상하다 하지만 알면서도 사용하지 않는 사람은 더욱 고상한 사람이다.

[강의]

권력과 명예와 이익이 어지럽고 번화하게 얽혀 있는 곳에서는 탐욕과 사치심이 성하여 절조 있는 행동을 잃고 덕의를 훼손하기 쉬우니, 이런 곳을 가까이하지 않는 사람을 청렴결백하다고 말할 수 있으나, 권세와 이익이 어지럽고 번화하게 얽혀 있는 곳을 가까이하되 탐욕과 사치에 물들지 않고 절조 있는 행동과 덕의를 지키는 사람은 특히 더 청렴결백한 것이다. 또 정교한 지혜의 재주는 남을 속이고 함정에 빠뜨리는 권모술수이므로 이런 것들을 모르는 사람을 고상하다고 할 수 있으나, 알면서도 이를 행하지 않는 사람은 더욱 고상한 것이다.

天地寂然不動, 而氣機無息少停,
(천지적연부동 이기기무식소정)

日月晝夜奔馳, 而貞明萬古不易,
(일월주야분치 이정명만고불역)

故君子閒時要有喫緊的心事, 忙處要有悠閒的趣味.
(고군자한시요유끽긴적심사 망처요유유한적취미)

[독해]

천지는 고요하여 움직이지 않지만 기의 움직임은 조금도 쉬는 일이 없고, 해와 달은 밤낮으로 바삐 달리지만 그 밝음은 만고에 변함이 없으니, 따라서 군자는 한가할 때 긴박한 마음을 가지며, 바쁠 때 여유로운 멋을 가져야 한다.

[강의]

하늘과 땅의 형체는 고요하여 움직이지 않지만 천지의 기운은 항상 돌면서 잠시도 쉬지 않으며, 해와 달은 밤낮으로 바쁘게 달리며 멈추지 않고 그 빛을 오래도록 비추며 만고에 변하지 않으니, 사람도 마땅히 하늘과 땅과 해와 달을 본받아 고요함 속의 움직임과 움직임 속의 고요함이 있어야 한다. 일이 없이 한적하고 일이 없이 고요할 때는 흐트러진 상태에 있지 말고 슬기롭고 어리석지 않게 긴박한 마음을 유지해야 하며, 또 바쁘고 번잡하게 돌아갈 때는 당황하지 말고 평온하고 냉정한 취미로 참된 주재를 안정시켜야 한다. 천지가 움직이지 않고 일월이 바삐 달린다는 학설은 옛날의 천동설과 지금의 지동설에서 파악한 것으로서 사실이 서로 틀리지만, 이것은 과학적인 이론이 아니라 행위에 비유한 것이니 그 비유의 의미를 음미해야 할 것이다.

放得功名富貴之心下, 便可脫凡,
(방득공명부귀지심하 편가탈범)

放得道德仁義之心下, 纔可入聖.
(방득도덕인의지심하 재가입성)

[독해]

공명과 부귀를 좇는 마음을 버려야 범속한 세상을 벗어날 수 있고, 도덕과 인의를 좇는 마음을 놓아버려야 성인의 경지로 들어갈 수 있다.

[강의]

부귀와 공명은 탐욕을 불러일으키는 일이니 이것을 바라는 마음이 남아 있다면 여러 가지 좋지 않은 사심에 물들어서 세속의 범부가 되니, 그런 마음을 없애버리면 범부의 한계를 벗어난다. 도덕적이고 인의적인 마음은 선량한 마음이지만 한 번 이것에 얽매이게 되면 그러한 삶에 구속되어 활발하고 자유로운 본성을 행하는 데에 장애가 되므로, 도덕적이고 인의적인 것을 따르는 마음을 내려놓고 자연스럽게 도덕에 합하면 성인의 경지에 들어가게 된다. 공자는 '일흔 살에 마음이 하고자 하는 대로 해도 그 정도를 넘지 않는다.'고 했으니, 마음이 하고 싶은 대로 해도 도덕적이고 인의적인 것에 전혀 구애되지 않는다는 것을 의미하고, 불교의 선가에서는 '부처를 따르는 데도 집착하지 않고 법을 추구하는 데도 집착하지 않고 승려가 되고자 하는 데도 집착하지 않는다.'고 말한 것이 바로 이런 뜻이다.

138.

吉人無論作用安祥, 則夢寐神魂無非和氣,
(길인무론작용안상 즉몽매신혼무비화기)

凶人無論行事狼戾, 則聲音咲語渾是殺機
(흉인무론행사낭려 즉성음소어혼시살기)

[독해]

성품이 바른 사람은 행동이 편안하고 복될 뿐만 아니라 잠이 든 영혼까지도 기운이 온화하며, 성품이 나쁜 사람은 하는 일이 거칠고 사나울 뿐만 아니라 목소리나 웃는 소리도 살기를 띤다.

[강의]

성품이 바른 사람은 덕이 있는 사람이라서 일을 하는 데 편안하고 복스러운 것은 당연하여 말할 것 없고, 평상시에 잠이 든 영혼까지 기운이 온화하고, 이와 반대로 성품이 나쁜 사람은 악독한 사람이라서 관련되어 하는 일이 거칠고 사나운 것은 의례적이라 말할 것 없고, 평상시의 목소리나 웃는 소리도 살기를 띤다.

139.

人之際遇, 有齊有不齊, 而能使己獨齊乎,
(인지제우 유제유부제 이능기독제호)

己之情理, 有順有不順, 而能使人皆順乎,
(기지정리 유순유불순 이능사인개순호)

以此相觀對治, 亦是一方便法門.
(이차상관대치 역시일방편법문)

[독해]

사람의 처지는 같기도 하고 같지 못하기도 하는데 어떻게 자기만 혼자 같을 수 있으며, 자기의 인정과 도리는 따르기도 하고 따르지 않기도 하는데 어떻게 사람이 다 따르기를 바라는가. 이처럼 서로 견주어 보면 또한 하나의 편리한 방법이 될 것이다.

[강의]

사람이 만나는 것은 모든 것을 갖추기가 어려워 한결같은 경우도 있고 한결같지 못한 경우도 있으니, 예컨대 부귀는 겸했지만 질병이 있고 명예는 있지만 몹시 가난한 사람도 있다는 등 이러한 일이 세상에 흔히 있는 결함인데 어찌 자기 혼자만 갖추어 만족하기를 바라며, 또 자기의 인정과 도리는 사물에 대해 순종하기도 하고 못하기도 하는데 어찌 다른 사람에게 내 뜻에 순종하길 바라겠는가. 이것과 저것 서로를 비교 참작하여 나의 경우에 결함이 있으면 다른 사람의 경우도 그렇지 않은지 살펴서 시름겨워 하지 말아야 하고, 다른 사람이 나의 마음을 거스르면 나의 정리도 남을 따르지 못하는 경우를 생각하여 참고 용서하면 이것이 마음을 편안하게 하는 편리한 방법이다.

140.

欹器以滿覆, 撲滿以空全,
(의기이만복 박만이공전)
故君子寧居無, 不居有, 寧處缺, 不處完.
(고군자영거무 불거유 영처결 불처완)

[독해]

의기(欹器)는 가득 차면 엎어지고, 박만(撲滿)은 비어야 온전하므로, 군자는 차라리 무위에 살더라도 유위에 살지 않고, 모자란 곳에 있을지라도 가득 찬 곳에 있지 않는다.

[강의]

의기는 모양이 조금 기울어진 금속제 그릇이라 물을 부어 가득 채우면 뒤집어진다. 노나라 환공의 묘에 이 그릇이 있었는데, 공자가 이것을 보고 '이것은 옛날 사람이 가득 채우는 것을 경계하기 위해 만든 것'이라고 말하면서 제자를 시켜 물을 붓게 하자 물이 가득 차서 그릇이 갑자기 기울어 뒤집어졌는데, 그래서 의기는 가득 차면 뒤집어진다고 한 것이다. 박만은 흙으로 만든 그릇이라 속이 텅 비고 한쪽에 구멍이 있어서 동전을 저축하는데 쓰는데, 이것은 속이 비어 있기 때문에 사용하는 것이지 속이 비어 있지 않으면 쓸 데가 없어서 버리는 것이라서 박만은 비어야 완전해진다고 한 것이다. 군자는 박만과 같이 마음을 비워 무위에 살더라도 유위에서는 살지 말고, 몸을 의기와 같이 가득 차지 않고 여분이 있는 곳에 두더라도 가득차서 빈 곳이 없는 곳에 두지 말아야 한다. 이것은 불경의 '아공(我空)'과 주역의 '가득 차면 잃게 된다.'는 말과 노자의 '허무(虛無)'를 합하여 덕을 닦고 운을 온전하게 하는 도를 말한 것이다.

141.

名根未拔者, 縱輕千乘 甘一瓢, 總墮塵情,
(명근미발자 종경천승감일표 총타진정)
客氣未融者, 雖澤四海, 利萬世, 終爲剩技.
(객기미융자 수택사해 리만세 종위잉기)

[독해]

명예를 탐하는 근성을 뽑아버리지 않는 사람은 비록 천승을 가볍게 여기고 한 바가지의 물을 달게 여길지라도 속세의 정에 떨어지고, 객기를 융화시키지 못한 사람은 비록 온 천하를 윤택하게 하고 만대에 이익을 끼쳐도 결국 쓸모없는 재주가 된다.

[강의]

천승은 중국 주나라 시대의 제도로 전쟁 때 군사용 수레 천 대를 내는 나라를 '천승(千乘)의 나라'라고 했으니, 곧 인구가 많고 땅이 넓은 제후국을 말한다. 공자의 제자 안회가 하나의 도시락밥과 하나의 표주박물로 가난한 마을에 살면서도 마음이 편하게 도를 즐겼다고 해서 한 바가지의 물은 빈곤을 뜻하는 말이다. 명예를 얻으려는 마음의 뿌리를 뽑지 못한 사람은 비록 천승국의 부귀를 가볍게 여기고 한 바가지의 물을 마시는 청빈을 달게 받아들인다고 해도 그것을 이용해서 청렴하고 고결하다는 것을 알리려고 하면, 그러는 것이 모두 명예를 널리 얻고자 하는 수단에 불과하므로 도리어 세속의 정에 떨어지는 것이고, 또 객기를 융화시키지 못하는 사람은 비록 그 혜택이 온 천하에 미치고 만대를 이롭게 하는 공과 업적을 이루어도 결국 하나의 쓸모없는 재주가 된다. 그것은 호협하고 경솔한 객기로 인하여 이룬 공적이 진정한 덕이 못되기 때문이다. 따라서 진정한 성현군자는 마음속에 조금도 사사로운 욕심이나 속된 기운이 없다.

142.

靜中念慮澄徹, 見心之眞體, 閑中氣象從容, 識心之眞機,
(정중염려징철 견심지진체 한중기상종용 식심지진기)
淡中意趣沖夷, 得心之眞味, 觀心證道, 無如此三者.
(담중의취충이 득심지진미 관심증도 무여차삼자)

[독해]

고요한 가운데 생각이 맑으면 마음의 참된 모습을 보게 되고, 한가한 가운데 기상이 고요하면 마음의 참된 기틀을 알게 되며, 담백한 가운데 의지와 취미가 화평하면 마음의 참맛을 얻게 되니, 마음을 살피고 도를 터득함에는 이 세 가지만한 것이 없다.

[강의]

고요한 가운데 생각이 맑으면 잡된 망상이 사라져서 마음의 참된 모습을 보게 되고, 한가한 가운데 기상이 조용하면 객기가 조금도 없어서 마음의 참된 기틀을 알게 되며, 담백한 가운데 의지와 취미가 화평하면 헛된 욕망이 사라져서 마음의 참맛을 얻게 되니, 마음을 살피고 도를 터득함에는 이 세 가지만한 것이 없다.

靜中靜, 非眞靜, 動處靜得來, 纔是性天之眞境,
(정중정 비진정 동처정득래 재시성천지진경)

樂處樂, 非眞樂, 苦中樂得來, 纔見心體之眞機.
(낙처락 비진락 고중락득래 재견심체지진기)

[독해]

고요함 속에서 고요하다는 것은 진정한 고요가 아니고 움직이는 곳에서 고요함을 느낄 수 있어야 비로소 참된 성품이 되며, 즐거운 곳에서의 즐거움은 진정한 즐거움이 아니고 괴로움 속에서 즐거움을 느껴야 마음의 참된 기운을 보게 된다.

[강의]

번잡한 속세를 떠나 심산유곡의 적막하고 고요한 곳에서 얻는 고요함은 환경에서 얻은 고요함이라 스스로 이루어낸 진정한 고요함이 아니며, 포연이 하늘을 가리고 총성과 함성이 가득한 시끄러움 속에서도 마음을 안정시킬 수 있어야 이것이 본성 그대로의 고요함이다. 또 하는 일이 잘되어서 영달하고 유쾌한 곳에서 즐기는 것은 자신의 탐욕이 영달하고 유쾌한 환경 덕분에 즐기는 것이며 스스로 만든 진정한 즐거움이 아니다. 굶주림과 추위가 살을 에고 뼈를 깎는 절박한 곤경에 빠져도 조금도 걱정하지 않고 유연하게 대처하며 스스로 즐기는 것이 마음과 몸의 진정한 즐거움이고 오묘한 기운이다.

144.

不責人小過, 不發人陰私, 不念人舊惡,
(불책인소과 불발인음사 불염인구악)

三者可以養德, 亦可以遠害.
(삼자가이양덕 역가이원해)

[독해]

다른 사람의 작은 허물을 꾸짖지 않고 남의 비밀을 들추지 않으며 남의 과거를 머릿속에 두면 안 되니, 이 세 가지로 덕을 기르고 재해를 멀리할 수 있다.

[강의]

다른 사람이 작은 허물을 알아도 이것을 너무 따지지 말고, 다른 사람이 숨기는 일을 여러 사람에게 들추지 않으며, 다른 사람이 잘못한 예전의 일을 알아도 오래도록 머릿속에 두면 안 되니, 이 세 가지로 덕을 기르고 외부 환경에서 오는 재해 멀리할 수 있다.

145.

衰颯的景象, 就在盛滿中, 發生的機緘, 即在零落內,
(쇠삽적경상 취재성만중 발생적기함 즉재영락내)
故君子居家, 宜操一心以慮患, 處變, 當堅百忍以圖成.
(고군자거가 관조일심이려환 처변 당견백인이도성)

[독해]

쇠락한 모습은 번성하고 충만함 속에 있고, 탄생하는 조화는 시듦 속에
있으니, 그러므로 군자는 안락할 때 마음을 다잡아 환란을 염려하고, 변고
가 생기면 마땅히 백 번을 참고 견뎌서 성공을 꾀해야 한다.

[강의]

세상의 사물은 일정한 운명이 없어서 번성하다가 쇠퇴하고 쇠퇴하다가
번성하며, 꽃이 핀 뒤에 시들고 시든 뒤에 피어나는 변화가 심하니, 따라서
쇠락하는 모습은 그 징조가 번성할 때에 숨어 있는 것이다. 꽃은 활짝
피었을 때 이미 흩어져 떨어지는 모습을 가지고 있고, 사람은 건강하고
부유할 때 이미 노쇠하고 빈궁함을 감추고 있으며, 또 새로운 것을 태어나
게 하는 기의 운행은 시들어 떨어지는 것 속에 있으니, 풀은 찬 서리를
맞아 시들 때 이미 우거진 녹음의 근성을 품고, 사람은 실패하여 곤궁할
때 이미 성공의 근본을 기르고 있는 것이다. 만사와 만물이 모두 끊임없이
변하여 머물지 않는 모습으로 끝나므로, 군자는 편안한 곳에 거처하더라도
방심하여 나태하지 말고 마땅히 마음을 다잡아 불의의 환난을 미리 염려해
야 하며, 혹 실패하는 일이 생겨도 실의하거나 낙망하지 말고 모름지기
백절불굴의 인내력으로 참아내며 최후의 성공을 꾀해야 한다.

146.

覺人之詐, 不形於言, 受人之侮, 不動於色,
(각인지사 불형어언 수인지모 부동어색)

此中有無盡意味, 亦有無窮受用.
(차중유무진의미 역유무궁수용)

[독해]

다른 사람에게 속은 것을 알면서도 말로 나타내지 않고, 다른 사람에게 모욕을 받아도 안색이 변하지 않으면, 그 안에 다할 수 없는 의미가 담겨 있고, 또한 무궁한 포용력이 들어 있다.

[강의]

다른 사람에게 속은 것을 알면서도 말없이 용서하여 말로 하지 않는 것이 바로 진실로 용서하는 길이고, 다른 사람에게서 모욕을 받아도 굳게 참고 견뎌서 화난 기색을 보이지 않으면 이것은 스스로 극기를 배우는 것이니, 이것 가운데 자신을 다스리는 무한한 의미가 있고 다른 사람을 대하는 무궁한 포용심이 있으니, 무한한 의미와 무궁한 포용심은 스스로 실천하고 얻어서 참된 뜻을 깨달아야 한다.

君子宜淨拭冷眼, 愼勿輕動剛腸.
(군자의정식냉안 신물경동강장)

[독해]

군자는 마땅히 깨끗하게 눈을 닦아서 냉정한 눈으로 보면서 신중하고 굳센 자세를 가볍게 움직이면 안 된다.

[강의]

냉안은 냉정한 마음으로 세상을 바라보는 눈을 말한다. 사람이 무언가 바라는 뜨거운 눈, 즉 번뇌하는 눈으로 사물을 보면 반드시 하나의 잘못된 오류에 빠져서 사물의 참모습을 보지 못하니, 이것은 색안경을 끼고 사물을 보는 것과 같아서, 황색 안경으로 보면 세상이 황색으로 보이고 녹색 안경으로 보면 다 녹색으로 보이는 것과 같다. 그러나 실제로는 만물이 황색도 녹색도 아니며 안경의 색에 따라 보이는 것이라 무색투명한 안경으로 보아야 만물의 참모습을 볼 수 있다. 따라서 군자는 감정과 욕망에 구애받지 않는 냉철한 눈으로 사물을 보아야 공평함을 얻을 것이니, 번뇌하는 눈으로 사물을 보며 가볍게 행동하지 말고 신중해야 한다. 번뇌하는 눈으로 사물을 보며 가볍게 행동하면 사물에 대해 공평하지 못할 뿐만 아니라 급박하게 꺾여서 부러지는 화를 입기 쉽다.

148.

德隨量進, 量由識, 長故欲厚基德, 不可不弘基量,
(덕수량진 양유식장 고욕후기덕 불가불홍기량)

欲弘基量, 不可不大基識.
(욕홍기량 불가부대기식)

[독해]

덕은 도량을 따라 늘어나고 도량은 식견으로 말미암아 자라니, 따라서 그 덕을 두터이 하려면 도량을 넓히지 않으면 안 되고, 도량을 넓히고자 하면 그 식견을 키우지 않으면 안 된다.

[강의]

도와 덕은 그 사람의 도량에 따라 더욱 커지니 도량이 넓으면 도와 덕 역시 두터워 지고, 도량은 그 사람의 학식과 견문에 따라 더욱 커지므로 학식과 견문이 높고 크면 도량 역시 넓어진다. 따라서 그 덕을 두텁게 하려면 먼저 그 도량을 넓히고 그 도량을 넓히려면 먼저 그 학식과 견문을 키워야 한다.

149.

交市人, 不如友山翁, 謁朱門, 不如親白屋,
(교시인 불여우산옹 알주문 불여친백옥)

廳街談巷語, 不如聞樵歌牧詠,
(청가담항어 불여문초가목영)

談今人失德過擧, 不如述古人嘉言懿行.
(담금인실덕과거 불여술고인가언의행)

[독해]

시장 사람을 사귀는 것은 산속 늙은이를 사귀는 것만 못하고 관청에 조아리는 것은 초가집과 친해지는 것만 못하며, 길거리에 떠도는 이야기 듣는 것은 나무꾼과 목동의 노래 소리를 듣는 것만 못하고, 요즘 사람들의 덕을 잃고 그릇된 행실을 이야기하는 것은 옛 사람들의 아름다운 말과 행실을 이야기하는 것만 못하다.

[강의]

시정의 사람들과 사귀면 하찮은 이익을 꾀하는 일에 물들기 쉬워서 산촌의 노인들과 어울리며 소탈한 모습을 보는 것이 더 낫고, 붉게 칠한 관청의 문에 출입하며 권위를 뽐내는 대관귀족을 대하면 아첨하는 일이 잦아져 지조를 잃기 쉬우니, 초가집을 찾고 고결한 선비들과 친하며 담백한 지조를 배우는 것이 더 낫다. 거리의 음담패설을 들으면 감정이 비루해지기 쉬워 순박한 목동과 나무꾼의 산과 물의 노래를 듣고 호수와 산의 정취를 느끼는 것이 더 낫다. 사람들의 실덕이나 허물을 거론하며 다른 사람의 단점을 토론하면 사람들의 원한을 사기 쉬우니, 옛 사람들의 훌륭한 말과 행동을 이야기하며 수양을 쌓는 것이 더 낫다. 사람이 외부 환경의 시비를 가려 자기 수양에 투자하면 저절로 고상한 인격을 이루게 될 것이다.

150.

信人者, 人未必盡誠, 己則獨誠矣,
(신인자 인미필진성 기즉독성의)
疑人者, 人未必皆詐, 己則先詐矣.
(의인자 인미필개사 기즉선사의)

[독해]

사람을 믿는 사람은 다른 사람이 그에게 진실하지 않아도 자신은 다른 사람에게 진실하고, 사람을 의심하는 사람은 다른 사람이 속이지 않아도 자신은 이미 다른 사람을 속인 것이다.

[강의]

내가 남을 신용하면 그 신용을 받는 사람은 모두가 성실하지는 않고 간혹 나를 속이는 사람도 있을 것이지만, 그래도 내가 다른 사람을 믿는 마음은 홀로 진실한 것이고, 이와 반대로 내가 다른 사람을 의심하면 의심을 받는 다른 사람은 모두가 속이지는 않고 정직한 사람도 있을 것이니, 내가 다른 사람을 의심하는 마음은 먼저 다른 사람을 속인 것이다.

151.

爲善不見其益, 如草裡冬瓜, 自應暗長,
(위선불견기익 여초리동과 자응암장)
爲惡不見其損, 如庭前春雪, 當必潛消.
(위악불견기손 여정전춘설 당필잠소)

[독해]

착한 일을 하고 그 이익을 보지 못하는 것은 마치 풀 속에 있는 동과와 같아서 모르는 사이에 저절로 자라며, 악한 일을 하고도 손해를 보지 않는 것은 뜰 앞의 봄눈과 같아서 반드시 녹아 없어진다.

[강의]

선행을 하면 그 이익을 눈으로 보지 못하지만 보지 못하는 사이에 자라서 풀 속에 묻혀 자라는 동과가 눈에 보이지는 않아 모르는 사이에 저절로 자라는 것과 같고, 악한 일을 했을 때 그 손해는 보지 못하는 사이에 저절로 손해가 커져서 마치 뜰 앞의 봄눈처럼 녹는 모습은 보지 못하나 몰래 녹아 사라지는 것과 같으니, 눈앞에 이익이 보이지 않는다고 착한 일을 하지 않을 수 없고, 손해가 곧바로 나타나지 않는다고 악행을 삼가지 않을 수 없다.

152.

遇故舊之交, 意氣要愈新, 處隱微之事, 心迹宜愈顯,
(우고구지교 의기요유신 처은미지사 심적의유현)

待衰朽之人, 恩禮當愈隆.
(대쇠후지인 은례당유융)

[독해]

옛 친구를 만나면 마음을 더욱 새롭게 하는 것이 필요하고, 은밀한 일을
처리함에는 마음과 행동을 더욱 드러내는 것이 마땅하며, 약한 사람을
대하면 당연히 은혜와 예우를 더 두텁게 해야 한다.

[강의]

사람은 새로 사귄 사람을 만나면 신중하지만 오래 사귄 친구를 마나면
소홀하기 쉬우니, 이것을 성찰하여 오래 사귄 친구를 만나면 우정과 기상
을 가깝고 새롭게 해서 소홀히 하는 실수를 막아야 한다. 또 사람들은
여러 사람들 앞에서 드러나는 일은 공정하게 하려고 하나 다른 사람이
보지 않는 곳에서는 자신을 속이는 행위를 하기 쉬우니, 이것을 삼가서
다른 사람이 보고 듣지 않는 곳에서 은밀한 일을 처리할 때는 마음의 자세
를 더욱 분명하게 하고 자신을 속이지 않아야 한다. 운세가 강한 사람을
대할 때는 우월하게 대우하고 쇠락하고 곤궁해진 사람을 대할 때는 경멸하
기 쉬운데, 이것을 주의해서 약한 사람을 대할 때 인정과 예의를 더욱
두텁게 해야 경멸하는 실수를 하지 않을 것이다.

153.

能脫俗, 便是奇, 作意尙奇者, 不爲奇而爲異,
(능탈속 편시기 작의상기자 불위기이위이)

不合汚, 便是淸, 絕俗求淸者, 不爲淸而爲激.
(불합오 편시청 절속구청자 불위청이위격)

[독해]

속세를 벗어나면 그것이 바로 기인인 것이지 일부러 기이함을 숭상하는
것은 기이한 것이 아니라 이상한 것이며, 더러움에 섞이지 않으면 이것이
깨끗한 것이지 속된 것을 끊고 깨끗한 것을 찾으면 깨끗한 것이 아니라
격한 것이 된다.

[강의]

사람이 범속한 세계를 벗어나면 바로 기인이니, 만약에 고의적으로 기
이한 일을 숭상하는 사람은 기인이 아니고 이상한 사람이며, 또 사람이
속세의 더러움에 섞이지 않으면 이것이 깨끗한 것이지 속된 것을 끊고
깨끗한 것을 찾는 사람은 깨끗한 것이 아니라 과격한 사람이 된다.

154.

我貴而人奉之, 奉此峨冠大帶也,
(아귀이인봉지 봉차아관대대야)

我賤而人侮之, 侮此布衣草履也,
(아천이인모지 모차포의초리야)

然則原非奉我, 我胡爲喜, 原非侮我, 我胡爲怒.
(연즉원비봉아 아호위희 원비모아 아호위노)

[독해]

내 지위가 높다고 다른 사람들이 떠받드는 것은 높은 관과 큰 허리띠를 받드는 것이고, 내가 천하다고 다른 사람들이 나를 업신여기는 것은 베옷과 짚신을 업신여기는 것인데, 그렇다면 원래의 나를 떠받드는 것이 아니니 내가 어찌 기뻐하며, 원래의 나를 업신여기는 것이 아니니 내 어찌 성을 내겠는가.

[강의]

세상 인정은 사람의 귀하고 천한 경우에 따라 그 대우가 달라지니, 만약에 다른 사람이 나를 대하면 귀천을 따지지 않고 똑같이 대우해야 한다. 내가 귀할 때에는 공손하고 내가 비천할 때에는 경멸하니, 이것은 나를 대우하는 것이 아니라 내가 처해 있는 부귀와 비천의 외부 환경을 대우하는 것이다. 그렇다면 남이 나를 공경하는 것은 원래의 나를 공경하는 것이 아니고 내가 귀할 때 착용하는 높은 관과 큰 허리띠를 공경하는 것이니 내가 어찌 그 공경을 기뻐하며, 다른 사람이 나를 업신여기는 것은 원래의 나를 업신여기는 것이 아니라 내가 비천할 때 착용한 베옷과 짚신을 업신여기는 것이니 그렇게 업신여기는 것을 내가 어찌 노여워하겠는가.

155.

無事時, 心易昏冥, 宜寂寂而照以惺惺,
(무사시 심이혼명 의적적이조이성성)

有事時, 心易奔逸, 宜惺惺而主以寂寂.
(유사시 심이분일 의성성이주이적적)

[독해]

일이 없을 때는 마음이 어두워지기 쉬우니 고요하고 평온한 가운데 총명하고 분명하게 해야 하고, 일이 있을 때는 마음이 조급하기 쉬우니 슬기롭고 고요한 가운데 고요하고 평온하게 중심을 잡아야 한다.

[강의]

사람이 일이 없고 한가할 때는 마음이 타버린 재처럼 어두워지기 쉬우니, 이럴 때는 마땅히 마음을 고요하고 평온하게 하여 어지럽지 않게 하되 총명하고 분명한 활기로 어리석어지는 병을 없애고, 또 일이 있어 바쁠 때는 마음이 사나운 말처럼 뛰기 쉬우니, 이럴 때는 마땅히 마음을 총명하고 분명하게 하여 어리석어지지 않게 하되 고용하고 평온한 본체를 중심삼아 산란해지는 병을 막아야 한다. 이것은 사람이 항상 안정된 가운데 움직이는 기미를 잊어버리지 않고 움직이는 가운데 안정된 본체를 잃지 않는 것을 말한다.

156.

議事者身在事外, 宜悉利害之情
(의사자신재사외 의실이해지정)

任事者身居事中, 當忘利害之慮.
(임사자신거사중 당망이해지려)

[독해]

일을 의논하는 사람은 몸이 일 바깥에 있으면서 이롭고 해로운 실정이 무엇인지 꼼꼼히 살펴야 하고, 일을 맡은 사람은 몸이 일 안에 있으면서 이롭고 해로운 것에 대한 생각을 잊어야 한다.

[강의]

일을 의논해서 시비를 결정하는 사람은 자신을 그 의논하는 일의 밖에 두어야 마음을 비워 냉철한 눈으로 이롭고 해로운 실정을 관찰해서 공평하게 결정할 수 있으니, 만약에 일을 의논하는 사람이 의논하는 일의 안에 들어가 있으면 자신과 그 일 사이에 이해와 득실이 생겨서 간혹 사사로운 이익에 쏠리기 쉽고, 혹시 '일을 맡은 사람은 헤맨다.'는 폐단이 생겨서 진정한 판결을 내리기 어려우니, 근세에 여러 나라에서 법률을 의논하고 결정하는 입법기관, 즉 의회를 행정과 사법 양 기관 외에 두고 권한을 서로 침해하지 않도록 한 것이 이런 뜻이다. 또 일을 맡아서 처리하는 사람은 자신을 일 안에 두어야 이해를 따지지 않고 여러 가지 의심을 떨쳐 잊어버리고 일만 할 수 있으니, 만일 일을 맡은 사람이 자신을 그 일 밖에 두면서 다른 사람의 일처럼 하면 일에 대한 성의가 식어서 마침내 그 일을 끝내지 못하게 된다.

157.

忙裡要偸閒, 須先向閒時, 討個杷柄,
(망리요투한 수선향한시 토개파병)
鬧中要取靜, 須先從靜處, 立個主宰.
(요중요취정 수선종정처 입개주재)
不然, 未有不困境而遷, 隨事而靡者.
(불연 미유불곤경이천 수사이미자)

[독해]

바쁜 가운데 한가한 틈을 내려면 먼저 한가할 때에 마음먹은 대로 할 수 있어야 하고, 시끄러운 곳에서 고요함을 취하려면 먼저 고요한 곳에 주재를 세워야 하니, 그렇지 않으면 경우에 따라 움직이고 일에 따라 밀리지 않는 사람이 없다.

[강의]

일이 많고 바쁜 가운데서도 편안하고 한가함을 즐기려면, 먼저 일이 없고 한가한 때에 심신을 수련하여 한가하고 다망함을 마음먹은 대로 할 수 있어야 한다. 시끄럽고 복잡한 곳에서도 냉정한 기상을 유지하려면 먼저 안정되고 조용한 곳을 찾아가 움직임과 고요함에 관계없는 마음의 주재를 확립해야 하니, 만약에 그렇지 못하면 외부 환경으로 인해서 변하고 일에 따라서 밀리게 된다. 영웅이 전쟁터에서도 틈을 내어 시를 읊고 노래를 부르는 여유를 부리고, 위인이 서릿발 같은 창칼과 우레 같은 호령 속에서 생사의 변을 당해도 마음이 흐트러지지 않고 여유를 가지며 침착할 수 있는 것은, 모두 한가할 때에 마음먹은 대로 할 수 있고 조용한 곳에 주재를 세웠기 때문이다.

158.

寧爲小人所忌毁, 毋爲小人所媚悅,
(영위소인소기훼 무위소인소미열)
寧爲君子所責修, 毋爲君子所包容.
(영위군자소책수 무위군자소포용)

[독해]

소인의 미움을 받고 욕을 들을지라도 소인의 아첨과 칭찬은 받는 일이
없도록 하고, 군자의 꾸짖음과 깨우침을 받을지라도 군자의 포용은 받는
일이 없도록 하라.

[강의]

강직한 군자는 반드시 간사스러운 소인의 미움을 받으며 욕을 먹고,
어리석은 사람은 반드시 아첨과 칭찬에 혹하게 되니, 차라리 강직해서
소인의 미움을 받고 욕을 먹더라도 어리석게 소인의 아첨에 넘어가면 안
된다. 학문이 깊고 덕이 높은 군자는 수재나 학자 같은 중상류층 사람의
잘못을 보면 반드시 꾸짖어서 고치도록 하며, 아주 어리석고 못난 하류층
사람의 잘못을 보면 너그럽게 포용하고 심하게 꾸짖으면 안 된다. 따라서
차라리 군자의 꾸짖음과 가르침을 받는 중류층 사람이 되더라도 군자의
포용을 받는 소인은 되지 말아야 하니, 우열을 비교하여 나은 쪽을 택하고
못한 쪽을 택하면 안 된다.

受人之恩, 雖深不報, 怨則淺亦報之,
(수인지은 수심불보 원즉천역보지)

聞人之惡, 雖隱不疑, 善則顯亦疑之,
(문인지악 수은불의 선즉현역의지)

此刻之極薄之尤也, 宜切戒之.
(차각지극 박지우야 의절계지)

[독해]

다른 사람의 은혜를 입으면 그 은혜가 깊어도 갚지 않으나 원망은 비록 얕아도 갚으며, 다른 사람의 악행을 들으면 확실하지 않아도 의심하지 않고 선행을 들으면 확실해도 의심한다면 이것은 아주 심한 각박함이니, 마땅히 경계해야 한다.

[강의]

다른 사람에게서 받은 은덕은 비록 깊어도 갚지 않고, 다른 사람에게서 받은 원망은 비록 얕지만 틀림없이 갚으며, 다른 사람의 악행을 들으면 그 악행이 확실하지 않아도 의심하지 않고, 다른 사람의 선행을 듣고 그 선행이 확실해도 믿지 않으면 이것은 인정상 아주 심한 각박함이니, 마땅히 경계해서 잘못하지 않아야 한다.

160.

讒夫毁士, 如寸雲蔽日, 不久自明,
(참부훼사 여촌운폐일 불구자명)

眉子阿人, 似隙風侵肌, 不覺其損.
(미자아인 사극풍침기 불각기손)

[독해]

사람을 비웃고 헐뜯는 것은 조각구름이 해를 가리는 것처럼 오래 가지 않아 저절로 밝혀지고, 다른 사람에게 아첨하는 것은 창틈으로 들어온 바람이 피부에 닿는 것처럼 해로움을 느끼지 못한다.

[강의]

다른 사람을 비웃고 헐뜯는 것은 한 조각의 구름이 햇빛을 가리는 것처럼 저절로 진실이 드러나니, 조그만 조각구름이 대낮의 햇빛을 가리면 한 때 그늘이 지지만 금방 바람에 구름이 흩어져 밝은 빛을 찾는다. 이와 같이 다른 사람이 아무리 나를 비웃고 헐뜯어도 나에게 잘못이 없으면 저절로 나의 진상이 밝혀진다. 다른 사람에게 아첨하는 것은 창틈으로 들어오는 바람이 피부에 닿는 것처럼 그 해로움을 깨닫지 못하지만, 창문의 작은 틈으로 들어온 바람은 아주 미약해서 큰 문제가 없을 것 같으나 점점 더 스며들어서 질병을 옮기고 혹독한 손해를 입힌다. 이처럼 나에게 아첨하고 아부하는 사람은 달콤한 말과 부드러운 태도로 일마다 순종하며 크게 해가 되지 않을 것 같으나 오래도록 물들면 사랑과 유혹에 빠지게 되니 참으로 두려운 일이다. 요즘은 참소하는 사람이나 헐뜯는 사람을 보면 독사를 보듯 미워하고 아첨하는 사람은 단물처럼 좋아하는 사람이 많은데 경계하여 삼가야 한다.

161.

日旣暮, 而猶烟霞絢爛, 歲將晚, 而更橙橘芳馨,
(일기모 이유연하현란 세장만 이갱등귤방형)

故末路晚年, 君子更宜精神百倍.
(고말로만년 군자갱의정신백배)

[독해]

하루해가 이미 저물었어도 노을은 오히려 아름답고, 한 해가 저물어가도 등자나무와 귤나무의 향기는 더욱 향기로우니, 따라서 군자는 말로와 만년의 정신을 백배 가다듬어야 한다.

[강의]

해 그림자가 서산으로 넘어가 저녁이 되어도 푸른 연기와 붉은 노을이 노을빛으로 현란한 색채를 띠고, 해가 다 가고 겨울이 되어도 등자나무와 귤나무가 추위를 이기고 향기로운 냄새를 풍기는데, 사람도 이와 같아서 비록 노년의 쇠락한 환경이라도 찬란하게 빛나는 공적을 세워야 한다. 따라서 군자는 말로와 만년의 정신을 백배 고무하여 게을러지지 않도록 해야 한다.

162.

居盈滿者, 如水之將溢未溢, 切忌再加一滴,
(거영만자 여수지장일미일 절기재가일적)

處爲急者, 如木之將折未折, 切忌再加一搦.
(처위급자 여목지장절미절 절기재가일닉)

[독해]

번창해 있는 사람은 마치 물이 넘치려다가 넘치지 않는 것과 같아서 한 방울이라도 더하는 것을 꺼리고, 위급한 처지에 있는 사람은 나무가 꺾이려다가 꺾이지 않는 것과 같아서 조금이라도 잡는 것을 꺼린다.

[강의]

공을 세워 이름과 직위가 전성기에 있는 사람은 마치 물이 넘치려다가 넘치지 않는 것과 같아서 넘칠 것 같은 물에 한 방울이라도 더하면 반드시 흘러넘치니, 이처럼 전성기에 있는 사람이 오히려 부족하다고 생각해서 다시 더 올라가고 더 얻으려고 하면 도리어 더 기울게 된다. 또 위급한 처지에 있는 사람은 나무가 꺾이려다가 꺾이지 않는 것과 같아서 조금만 힘을 주면 꺾여버릴 것이니, 따라서 이처럼 위급한 지경에 처한 사람은 근신하여 자세히 알아보지 않고 과격하게 되면 반드시 화를 입는다.

163.

節義之人, 濟以和衷, 纔不啓忿爭之路,
(절의지인 제이화충 재불계분쟁지로)

功名之事, 承以謙德, 方不開嫉妬之門.
(공명지사 승이겸덕 방불개질투지문)

[독해]

절개와 의리가 있는 사람은 온화한 마음을 길러야 비로소 분쟁을 막고,
공명을 좇는 선비는 겸양의 덕을 이어야 질투의 문을 열지 않는다.

[강의]

절개와 의리를 바라는 사람의 결점은 다급하고 고지식하며 격렬하여
다른 사람의 잘못을 보면 화가 나서 다투기 쉬우니, 온화한 마음으로 다급
하고 격렬함을 길러서 분쟁을 막아야 하고, 공명을 좇는 선비의 결점은
오만하고 자존심이 강해 자기보다 나은 사람을 보면 시기하고 질투하기
쉬우니, 겸손의 덕으로 자존심을 다스려 질투의 문을 닫아야 한다.

164.

善讀書者, 要讀到手舞足蹈處, 方不落筌蹄,
(선독서자 요독도수무족도처 방불락전제)

善觀物者, 要觀到心融神洽時, 方不泥迹象.
(선관물자 요관도심융신흡시 방불니적상)

[독해]

책을 잘 읽는 사람은 읽으면 손발이 춤추는 경지에 이르러야 비로소
형식에 얽매이지 않고, 사물을 잘 살피는 사람은 마음과 정신이 융합할
때까지 이르러야 비로소 흔적과 형상에 빠지지 않는다.

[강의]

전(筌)은 물고기를 잡는 기구이고 제(蹄)는 토끼를 잡는 기구이고, 책은
이치와 사상을 이해하려고 읽는 것이며, 통발과 덫은 물고기와 토끼를
잡기 위해 설치하는 것이다. 책 속의 이치와 사상을 이해하면 마땅히 글자
를 버리고, 물고기나 토끼를 잡으면 통발과 덫을 잊어야 한다. 따라서 책을
잘 읽는 사람은 숙독하고 음미해서 그 뜻과 가르침을 알게 되면 모르는
사이에 손발이 저절로 춤을 추는 오묘한 경지에 이르게 되어 통발과 덫
같은 문자를 천착하는 어리석음에 빠지지 않게 되며, 또 사물을 잘 살피는
사람은 사물의 참된 이치를 살펴서 마음과 생각이 융합하고 정신이 화합하
는 오묘한 경지에 이르러야 그 겉모습의 흔적과 형상에 얽매여 빠지지
않게 되므로, 어떤 사물을 대하든지 그 속에 있는 진상을 간파하고 겉모양
에 얽매여 집착하지 말아야 한다.

165.

> 至人何思何慮, 愚人不識不知, 可與論學, 亦可與建功,
> (지인하사하려 우인불식부지 가여논학 역가여건공)
> 唯中才的人, 多一番思慮知識,
> (유중재적인 다일번사려지식),
> 便多一番億度猜疑, 事事難與下手.
> (편다일번억탁시의 사사난여하수)

[독해]

학문과 덕이 극에 이른 사람은 무엇을 생각하고 걱정할 것이 없고, 어리석은 사람은 지혜롭지 못하고 알지도 못하므로 함께 학문도 논할 수 있고 또 함께 공을 세울 수 있지만, 오직 그 중간의 재주를 가진 사람들은 생각과 지식이 많으나 억측과 시기도 많아서 함께 손을 잡고 일하기 어렵다.

[강의]

지인은 지혜와 덕이 원만하여 지극한 곳에 도달한 사람을 말하니, 지인은 생각하고 염려하지 않아도 저절로 사리에 융합하여 막히고 걸리는 것이 없고, 어리석은 사람은 지식이 없어서 스스로 문제를 해결할 능력이 없는 까닭에 다른 사람의 지도를 받아도 거역하지 않으니, 지인은 스승으로 받들만하고 어리석은 사람은 가르치고 이끌만하다. 따라서 함께 학술을 논하며 공을 세울 만하나, 지인에는 못 미치고 어리석은 사람보다는 조금 나은 중간 정도의 재능과 지혜가 있는 사람은 알지는 못하나 알려는 상태에 있으므로, 생각과 지식을 따라 매사에 억측과 시기심과 의심이 많아서 매사에 함께 일을 하기가 어렵다.

166.

口乃心之門, 守口不密, 洩盡眞機,
(구내심지문 수구불밀 설진전기)

意乃心之足, 防意不嚴, 走盡邪蹊.
(의내심지족 방의불엄 주진사혜)

[독해]

입은 곧 마음의 문이라 엄밀하게 지키지 않으면 마음속의 진기가 다 빠져나가고, 의지는 곧 마음의 발이라 엄하게 지키지 않으면 어긋난 길로 질주한다.

[강의]

입은 마음속의 생각을 말로 발설하는 곳이라 마음이 입을 통해 나가는 것이 사람이 문으로 나가는 것과 같아서 입은 마음의 문이라고 한 것이니, 이 입을 신중하고 엄밀하게 지키지 않으면 마음속에 깊이 감춘 진기를 누설하여 뜻밖의 화를 입게 되고, 의지는 마음을 움직이는 실마리라서 마음의 본체는 사람마다 같으나 의식의 작용에 따라 선악의 구별이 생기게 되니, 마음의 의지를 따라 변하는 것은 사람이 발을 따라 이동하는 것과 같기 때문에 의지는 마음의 발이라고 한 것이다. 이러한 의지를 엄중히 막아 지키지 않고 어긋난 길을 달리게 되면 죄악에 빠지기 쉬우므로, 사람은 마땅히 입을 엄밀하게 지키고 의지를 엄격하게 해서 뜻하지 않은 환난과 죄악을 피해야 한다.

167.

子弟者, 大人之胚胎, 秀才者, 士夫之胚胎
(자제자 대인지배태 수재자 사부지배태)
此時若火力不到, 陶鑄不純, 他日涉世立朝, 終難成個令器.
(차시약화력부도 도주불순 타일섭세입조 종난성개영기)

[독해]

어린이는 어른의 씨앗이고 수재는 훌륭한 사람의 씨앗이니, 이 때 만약
화력이 모자라서 질그릇을 완성하지 못하면 훗날 세상에 나아가 일을 하는
데 훌륭한 그릇이 되기 어렵다.

[강의]

어린이는 훗날에 어른이 될 씨앗이고, 수재는 중국의 과거 제도의 문관
등용 시험에 합격한 사람을 말한다. 이 수재가 훗날에 사대부가 될 씨앗이
니, 이렇게 어린 때와 수재 시절에 맹렬한 화력을 가하여 질그릇을 만들고
쇠로된 물건을 주조하는 것처럼 엄밀한 교육을 가하여 심신을 수련하지
않으면, 훗날에 어른이 되어 세상을 살아가면서 사대부가 되어 조정에
서게 되면 훌륭한 그릇이 되지 못한다. 따라서 사람은 어릴 때 엄격하고
바른 가정교육을 받고 수재 때에 진실한 사회의 학문을 넓혀서 이해와
실천을 겸비하여 훗날에 유용한 그릇이 되어야 한다.

168.

君子處患難, 而不憂, 當宴遊, 而惕慮,
(군자처환난 이불우 당연유 이척려)

遇權豪, 而不懼, 對惸獨, 而驚心.
(우권호 이불구 대경독 이경심)

[독해]

군자는 환난에 처해도 걱정하지 않으나 노는 자리에서는 두려워 염려하고, 권력가나 부호를 만나면 두려워하지 않으나 의지할 데 없는 사람을 만나면 마음이 놀란다.

[강의]

군자는 우환과 재난에 처해도 순순히 받아들이고 해결하려고 노력하며 근심하지 않으나, 술과 음악이 있는 노는 자리에서는 주색과 유혹에 빠지는 것을 두려워 경계하고, 권력가나 부호를 만나면 최선의 예의를 다하여 굴하지 않으며, 의지할 데 없고 가난한 사람을 만나면 애틋한 마음이 놀라서 움직여 도와줄 방법을 찾는다.

169.

桃李雖艶, 何如松蒼栢翠之堅貞,
(도리수염 하여송창백취지견정)

梨杏雖甘, 何如橙黃橘綠之馨冽,
(이행수감 하여등황귤록지형렬)

信乎濃夭不及淡久, 早秀不如晚成.
(신호 농요불급담구 조수불여만성)

[독해]

복사꽃과 살구꽃이 비록 곱다지만 어찌 푸른 소나무와 잣나무의 굳은 절개와 같으며, 배와 살구가 비록 달다지만 어찌 노란 유자와 푸른 귤의 짙은 향기와 같겠는가. 그래서 아름답지만 일찍 시드는 것은 담백해서 오래 가는 것만 못하고, 일찍 뛰어난 것은 늦어도 크게 이루는 것만 못한 것이다.

[강의]

복사꽃과 살구꽃의 화려함은 봄빛에 한 때 요염하고 화려한 빛깔이 극에 달하나 '꽃의 붉은빛은 열흘을 못 간다.'는 옛말처럼 비바람이 한 번 지나가면 어지러이 떨어져서 놀러 다니며 떠드는 사람들의 탄식과 서러움만 더하고, 푸른 소나무와 잣나무가 한여름의 비바람, 혹한의 서리와 눈을 견뎌내어 늘 푸른빛이 변하지 않아도 굳은 절개만 못하며, 배와 살구가 비록 달지만 상하기 쉬워서 유자와 귤의 짙은 향기가 오래 가는 것만 못하다. 아름답지만 일찍 시드는 것은 담백해서 오래 가는 것만 못하고, 일찍 뛰어난 것은 늦어도 크게 이루는 것만 못하니, 사람도 이처럼 보기에 좋은 재능과 지식은 굳은 절개와 지조만 못하므로, 진하지만 바로 변하는 이욕을 탐하는 것보다 담백하고 오래가는 도덕을 지키는 것이 옳은 것이다.

170.

風恬浪靜中，見人生之眞境，
(풍염낭정중 견인생지진경)
味淡聲希處，識心體之本然.
(미담성희처 식심체지본연)

[독해]

바람과 물결이 잔잔하고 고요한 가운데 인생의 참된 경지를 보고, 취미가 담백하고 소리가 희미한 곳에서 마음의 실체를 알 수 있다.

[강의]

육지에 바람이 자고 큰 바다 물결은 잔잔하여 모든 것이 적막하고 고요하며 움직임이 없는 한적한 가운데에서는 모든 사물과의 관계가 없어지므로, 성스러움과 범상함과 지혜로움과 어리석음의 구별이 다 사라지고 적정하고 평등한 인생의 참된 경지를 보게 된다. 취미가 담백하고 소리가 거의 없어서 좋고 싫은 차이가 없는 곳에서는 모든 헛된 감정의 움직임이 일지 않아서 맑고 투명하며 영묘한 마음의 본체를 알게 된다.

171.

鶯花茂而山濃谷艶, 總是乾坤之幻境,
(앵화무이산농곡염 총시건곤지환경)
水木落而石瘦崖枯, 纔見天地之眞吾.
(수목락이석수애고 재견천지지진오)

[독해]

꾀꼬리가 울고 꽃이 만발하여 산이 짙고 골짜기가 아름다워도 이것은 모두 천지의 거짓된 모습이고, 물이 마르고 나뭇잎이 떨어져 메마른 바위와 시든 언덕에서 비로소 천지의 참모습을 알게 된다.

[강의]

봄에 꾀꼬리가 울고 온갖 꽃이 만발하여 산색이 짙어지고 골짜기가 아름다워 모든 환경의 사물이 번영하는 것은 모두 하늘과 땅의 일시적인 거짓된 모습이고, 가을이 지나서 강물이 마르고 나뭇잎이 떨어져 바위가 메마르고, 벼랑과 언덕이 말라서 삼림의 만물이 흔들려 떨어지고 흩어지면 비로소 천지의 참모습을 알게 된다. 진오(眞吾)는 즉 진체(眞體)를 말하니, 주자의 시에 '나무가 떨어지고 물이 다하고 천길 벼랑이 마르니 멀리에서 나도 참모습을 보게 된다.'고 했으니 이런 뜻이다. 사람의 일도 이와 같아서 꿈같은 세상의 권세와 이익의 분란을 벗어나 담백한 도덕의 참된 모습을 보아야 한다.

172.

歲月本長, 而忙者自促, 天地本寬, 而鄙者自隘,
(세월본장 이망자자촉 천지본관 이비자자애)

風花雪月本閑, 而勞攘者自冗.
(풍화설월본한 이노양자자용)

[독해]

세월은 본래 길지만 바쁜 사람이 스스로 재촉하고, 천지는 본래 넓은데 속 좁은 사람이 스스로 비좁다 하고, 바람과 꽃과 눈과 달은 본래 한가한데 고달픈 사람이 스스로 바쁘다고 한다.

[강의]

세월은 한 없이 길지만 바쁜 사람은 스스로 재촉하여 일생을 쉬지 않고 바쁘게 보내고, 천지는 넓어서 사람 사는 곳마다 마음껏 노닐고 자유롭게 활동할 땅이 있는데 속 좁은 사람이 스스로 좁다고 하면 드넓은 세상에서 몸을 담지 못하며, 청풍명월과 홍화백설이 한가하게 소요하여 사람에게 그윽한 감상을 제공하는데 고달픈 사람이 스스로 바빠 고뇌 속에 살면서 천연의 경치를 멋없이 지나쳐버린다.

173.

熱不必除, 而除此熱惱, 身常在清凉臺上,
(열불필제 이제차열뇌 신상재청량대상)
窮不可遣, 而遣此窮愁, 心常居安樂窩中.
(궁불가견 이견차궁수 심상거안락와중)

[독해]

더위를 없앨 수는 없지만 이렇게 덥다는 생각을 없애면 몸은 항시 서늘한 누대에 있을 것이고, 가난은 버리지 못하나 이렇게 가난하다는 근심을 버리면 마음은 항상 안락한 집에 있게 된다.

[강의]

한여름 폭염이 극심해서 돌과 쇠가 무르고 토목이 그을면, 사람은 그 열을 식히려고 서늘한 곳을 찾거나 부채를 부치는 등 여러 가지 방법으로 더위를 피하려 하지만, 자칫하면 신체의 열기를 없애지 못할 뿐만 아니라 도리어 덥다는 생각이 더하게 된다. 따라서 바깥의 더위를 없애려 하지 말고 마음의 더위를 없애서 '무더위 속에 찬바람을 보낸다.'는 옛 구정을 음미하며 냉정한 태도를 유지하면, 몸은 항상 청량한 누대에 있는 것과 같아서 조금도 더위를 느끼지 못할 것이다. 사람이 가난해지면 그 가난을 견디지 못하고 근심과 고민이 생기지만, 가난은 일시적인 경우이고 사람의 정신까지 침해하지는 못하니, 비록 가난하더라도 가난에 대한 근심을 물리쳐버리면 마음은 항상 안락한 집안에 있는 것과 같아서 스스로 유연할 수 있다.

174.

嗜寂者, 觀白雲幽石而通玄, 趨榮者, 見淸歌妙舞而忘倦,
(기적자 관백운유석이통현 추영자 견청가묘무이망권)
唯自得之士, 無喧寂, 無榮枯, 無往非自適之天.
(유자득지사 무훤적 무영고 무왕비자적지천)

[독해]

한적함을 즐기는 사람은 흰 구름과 그윽한 바위만 보아도 깊은 이치를 깨닫고, 영화를 따르는 사람은 맑은 노래와 요염한 춤을 보며 권태를 잊으니, 오직 스스로 깨달은 선비만이 시끄러움과 고요함이 없고 번영과 쇠퇴함이 없어서, 가는 곳마다 자신의 마음에 드는 세상이 아닌 곳이 없다.

[강의]

번화함을 피하고 적막함을 좋아하는 사람은 세속을 멀리 떠나서, 산림 속의 흰 구름이나 그윽한 바위를 바라보며 여유롭게 스스로를 수양하여 깊고 깊은 이치를 연구하여 통달하며, 적막함을 싫어하고 번화함을 좋아하는 사람은 청아한 노래나 멋들어진 춤을 보며 마음이 취하고 몸이 탕진하며 권태를 잊으니, 그렇게 적막함과 번화함의 두 가지 경우는 다르지만 모두 한쪽으로 기우는 병폐가 있어 좋아하고 싫어하며 취하고 버리는 고통이 따른다. 오직 모든 일에 거리낌이 없고 스스로 깨달은 선비만이 적막함과 번화함에 대한 좋고 싫음과 영화로움과 쇠락함을 가리지 않고 봄이 오고 꽃이 피는 거리의 번거로움 속에서도 흰 구름과 그윽한 바위를 바라보는 한적한 정취를 얻고, 산림과 흐르는 물의 적막함 속에서도 청아한 노래와 멋들어진 춤을 볼 수 있으므로 어디에 가든 자신의 마음에 드는 곳이 아닌 곳이 없다.

悠長之趣, 不得於醲釅, 而得於啜菽飮水,
(유장지취 부득어농엄 이득어철숙음수)

惆悵之懷, 不生於枯寂, 而生於品竹調絲,
(추창지회 불생어고적 이생어품죽조사)

固知濃處味常短, 淡中趣獨眞也.
(고지농처미상단 담중취독진야).

[독해]

길게 오래가는 맛은 진하고 맛좋은 술과 차에서 얻는 것이 아니라 콩을 씹고 물을 마시는 데에서 얻으며, 그리운 회포는 무취미한 경지에서 생기는 것이 아니라 피리를 불고 거문고를 뜯는 데에서 생기니, 진한 맛은 언제나 짧은 것이며 담백함 속에 느끼는 맛이 참된 것을 알아야 한다.

[강의]

길게 오래 가는 청아한 취미는 진한 술을 마시고 향이 강한 차를 마시는 좋은 맛에서 얻어지는 것이 아니고, 콩을 씹고 맑은 물을 마시는 담백함 속에서 얻으며, 그리운 회포는 홀로 앉아서 조용히 사색하는 곳에서 생기는 것이 아니라 피리를 불고 거문고를 뜯는 소리가 서로 섞이며 원망하고 사모하는 데에서 생기게 되니, '천년의 비파가 오랑캐의 노래를 타니 원한이 틀림없이 노래 속에서 말한다.'는 옛 구절이 이것이다. 이런 까닭으로 보면 진한 술과 차, 피리와 거문고가 있는 곳에서는 그 맛이 짧고, 콩을 씹고 물을 마시는 한적하고 담백한 곳에서는 참된 맛이니, 진한 맛의 술과 차를 마시며 피리불고 거문고를 뜯는 농염한 곳에서 부질없는 맛을 즐기는 사람은 고개를 돌려 조촐한 음식으로 조용히 사색하고 수양하는 담백함 속에서 길고 오래 가는 참된 맛을 보아야 한다.

176.

徜徉於山林泉石之間, 而塵心漸息,
(상양어산림천석지간 이진심점식)

夷猶於詩書圖畵之內, 而俗氣潛消,
(이유어시서도화지내 이속기잠소)

故君子雖不玩物喪志, 亦常借境調心.
(고군자수불완물상지 역상차경조심)

[독해]

산림과 샘물과 바위 사이를 거닐면 티끌 같은 마음이 차츰 가라앉고, 글과 그림 속에 한가히 노닐면 속된 기운이 잠겨 사라지니, 그러므로 군자는 사물을 감상하며 뜻을 상하지 않아야 하고, 또 항상 어떤 경지를 빌려서 마음을 조율해야 한다.

[강의]

여러 가지의 복잡하고 다난한 일로 가득한 속세에서 전도되고 출몰하다가 가끔 맑고 담백한 산림에서 샘물과 바위 사이를 노닐면, 더렵혀진 마음이 차츰 가라앉아 분수에 넘치는 맑은 기운을 느끼게 된다. 이해가 분분하고 시비가 얽힌 곳에서 바쁘게 살다가 때때로 맑고 높고 오묘한 시나 그림 속에서 그 여유로운 멋을 감상하면, 속세의 기운이 점차 사라지고 갑자기 우아한 정취를 얻게 된다. 그러므로 군자는 비록 외부 사물을 감상하더라도 본뜻을 잃으면 안 되며 마땅히 다른 경지를 빌려서 자기 마음을 조율해야 한다. 근래 대도시에 공원과 도서관을 설치하여 사람들이 마음대로 쉬고 즐길 수 있게 하는데, 이것은 사람들에게 많은 이익이 되며 그중에서도 특히 도덕상의 도움이 가장 크다.

春日氣象繁華, 令人心神駘蕩,
(춘일기상번화 영인심신태탕)

不若秋日, 雲白風淸, 蘭芳桂馥,
(불약추일 운백풍청 난방계복)

水天一色, 上下空明, 使人神骨俱淸也.
(수천일색 상하공명 사인신골구청야)

[독해]

봄날은 날씨가 번성하고 화려해서 사람의 심신을 밝고 넓게 하지만, 가을날에 구름은 희고 바람이 맑으며 난초와 계수나무가 향기롭고, 물과 하늘이 한빛으로 푸르고 맑아서 사람의 심신을 함께 맑게 해주는 것만 못하다.

[강의]

외부 환경에 따라 사람이 느끼는 심리는 그 현상의 변화를 따라서 사람의 감상도 변하게 하니, 백화가 만발하고 새가 지저귀며 나비가 날아다니는 봄날의 기상은 번화하고 화려하여 사람의 몸과 마음을 밝고 넓게 한다. 가을이 되어 산 위의 구름은 흰빛을 띠고 하늘의 바람은 맑게 불어오며 난초와 계수나무가 향기를 전하고 맑은 하늘과 거울 같은 물은 한 색깔로 빛을 내니, 사람이 이런 경치를 대하면 자연히 심신이 맑아지므로 봄날의 화창함이 어찌 가을의 청명함에 미치겠는가. 따라서 미인을 좋아하고 호탕한 정서를 지닌 사람은 봄날을 그리고, 기개와 절조를 지키는 선비는 가을을 사랑한다.

178.

> 機動的, 弓影疑爲蛇蝎, 寢石視爲伏虎, 此中渾是殺氣,
> (기동적 궁영의위사갈 침석시위복호 차중혼시살기)
>
> 念息的, 石虎可作海鷗, 蛙聲可當鼓吹, 觸處俱見眞機.
> (염식적 석호가작해구 와성가당고취 촉처구견진기)

[독해]

심기가 동요하면 활의 그림자도 뱀이나 전갈이 되고 누워 있는 돌도 엎드린 호랑이로 보이니, 이 안에는 살기가 흐르는 탓이고, 마음이 한가하면 석호와 같은 사람도 온순한 갈매기처럼 되고 개구리 소리도 아름다운 악기 소리로 들리니, 닿는 것마다 참다운 심기이다.

[강의]

사람의 마음에 좋지 않은 의심이 생기면 한낮에도 귀신이 나타나서 활의 그림자도 뱀으로 의심하게 되고 누운 바위도 엎드린 호랑이로 보이니, 이것은 마음속의 마귀가 난동하여 자신을 해치는 살기를 띠기 때문이다. 활의 그림자를 뱀으로 의심하는 것은 〈진서〉에서 '진나라 사람 악광이 하남령으로 있을 때 관아에서 친구들이 모여 연회를 했는데 그 후에 같이 연회를 했던 친구 하나가 오랫동안 찾아오지 않아서 그 까닭을 물으니 전날의 연회 때 술잔에 뱀이 있는 것을 보고 병이 났다고 했다. 그러나 그것은 벽에 걸어 놓은 활이 그의 술잔에 그림자로 비춰서 뱀으로 오인했다는 사실을 악광이 알고, 다시 같은 장소에서 주연을 열어 병이 난 친구를 초청했는데, 술을 마실 때 전 날과 같이 술잔 속에 활 그림자가 비쳐 뱀처럼 보이자, 악광이 벽에 걸린 활을 가리키며 전 날에 오인한 술잔 속의 뱀이 활 그림자라고 하니 친구가 알아듣고 병이 금방 나았다.'고 말한 것이고, 누운 바위를 엎드린 호랑이로 본 것은 왕충의 〈논형〉에 '초나라의 웅거

자라는 사람이 어느 날 산에 갔다가 누운 바위를 엎드린 호랑이로 생각하고 활을 쏘았는데 화살이 돌에 박혔다.'고 했고, 또 〈한서〉에 '한나라 사람 이광이 어느 날 사냥을 했는데 수풀 속의 돌을 보고 호랑이로 생각하여 활을 쏘니 화살이 돌 속에 박혔다.'고 했으니, 이것은 다 심기가 망동해 살기를 만든 것이다. 만약에 이와 반대로 마음과 생각이 모두 차분하면 돌호랑이도 갈매기가 되고 개구리 울음소리도 피리소리가 되며, 어디에 닿든지 조금의 살기도 없는 천진한 심기가 된다. 돌호랑이가 갈매기가 된다는 말은 〈세설〉에서 '진나라 사람 석륵은 그 당시에 권세가 대단해서 사람들이 그 일가를 호랑이나 이리처럼 두려워했지만, 석륵은 덕망이 높은 승려 불도징을 대단히 존경했다. 석륵의 조카 석호와 석륵의 가족이 함께 놀다가 모두 불도징의 높은 덕에 감복하자, 임공이라는 사람이 불도징이 석호를 갈매기로 만들었다.'고 말했는데, 이것은 불도징의 높은 덕이 어떠한 선악과 만나도 흔들리지 않으므로 포악한 권력을 일삼는 석호도 그 감화를 받아 무심한 바다 위의 흰 갈매기처럼 되었다는 것을 말한 것이다. 개구리 울음소리가 북소리와 피리소리로 들린다는 말은 〈남사〉에서 '공치규가 제나라의 명제 때 남군태수로 있었는데, 그 저택 안에 산수를 끌어들이고 언덕을 쌓아서 혼자 술을 마시며 즐겼는데 정원을 청소하지 않아서 개구리 울음소리가 시끄러웠다. 어떤 사람이 공치규에게 진번이 청소하지 않은 것을 흉내 내려고 하는가 하고 묻자, 공치규는 개구리 소리로 양부의 북소리와 피리소리를 대신하는 것이지 진번의 흉내를 내는 것은 아니라고 했다.'고 말했는데, 고취는 음악이고 양부는 음악을 앉아서 연주하는 좌부와 서서 연주하는 입부의 두 가지를 말한 것이다. 공치규의 말은 마음이 차분하여 망동하지 않으면 시끄러운 개구리소리도 음악으로 들린다는 뜻이다. 심기가 망동하면 어느 사물이든 나에게 적의를 품게 되고, 마음이 차분해지면 어느 사물도 나에게 동정하게 된다.

179.

欲其中者, 波沸寒潭, 山林不見其寂,
(욕기중자 파비한담 산림불견기적)

虛其中者, 凉生酷暑, 朝市不知其喧.
(허기중자 양생혹서 조시부지기훤)

[독해]

마음속에 욕심이 있는 사람은 차가운 연못에서도 물이 끓고 산속에서도 그 한적함을 보지 못하며, 마음을 비운 사람은 무더위에서도 서늘함이 일고 조정이나 시장에서도 그 시끄러움을 모른다.

[강의]

사람이 그 가슴속에 욕심이 있으면 욕심이 항상 불꽃처럼 타올라서 차가운 연못에서도 물이 끓어오르는 것처럼 청정한 곳에 있어도 욕심이 발흥하여 가슴 속이 항상 번뇌로 뜨거우니, 고요한 산중에 있어도 조금도 적막함을 느끼지 못한다. 마음을 비워 한줌의 욕심도 없는 사람은 혹서에서도 서늘한 바람이 부는 것과 같아서 열기 있고 복잡한 조정과 시장에 있어도 항상 냉정하여 시끄러운 줄 모른다. 이렇게 보면 덥고 서늘하며 시끄럽고 조용한 환경은 외부에 따로 있는 것이 아니고 자신의 마음으로 인하여 이런 구별을 할 뿐이다.

180.

花居盆內, 終乏生機, 鳥入籠中, 便減天趣,
(화거분내 종핍생기 조입농중 변감천취)
不若山間花鳥, 錯集成文, 翶翔自若, 自是悠然會心.
(불약산간화조 착집성문 고상자약 자시유연회심)

[독해]

꽃이 화분 속에 있으면 마침내 생기가 사라지고 새가 새장에 있으면 타고난 천성이 없어지니, 산속의 꽃과 새들이 어울려서 무늬를 만들고 마음껏 날아다니며 스스로 만족하고 유연한 것만 못하다.

[강의]

꽃이 화분 속에서 자라면서 사람이 재배하면 자연의 생기를 잃고, 새가 새장에 있으면서 사람이 기르게 되면 타고난 천성이 없어지니, 사람이 꽃을 화분에 기르는 것은 꽃의 색과 향기를 즐기는 것이고, 새를 새장에 기르는 것은 새의 지저귐과 모습을 즐기는 것이다. 그러나 이것은 그 자유를 속박하여 생기와 본능을 잃어버리게 하는 것이라 꽃과 새의 타고난 천성을 없애는 것이다. 따라서 품격 있고 깨달은 선비는 동식물원을 관람하며 자연스럽지 못하고 자유롭지 못한 동식물의 그런 모습을 보고 크게 괴로움을 느끼게 된다. 어떻게 산속의 꽃과 새들이 자유롭게 태어나고 자라서, 꽃은 서로 어울리는 빛깔로 찬란한 무늬를 만들고, 새는 계곡과 산을 마음껏 날아다니며 스스로 만족하여, 그런 자연스러운 멋이 유연히 마음에 느껴지는 것과 같겠는가. 꽃과 새들도 그 자유를 속박하면 생기와 본연의 취향을 잃게 되니, 하물며 사람은 어떠하겠는가. '자유가 없으면 죽음이다.'

181.

林間松韻, 石上泉聲, 靜裏聽來, 識天地自然鳴佩,
(임간송운 석상천성 정리청래 식천지자연명패)
草際煙光, 水心雲影, 閑中觀去, 見乾坤最上文章.
(초제연광 수심운영 한중관거 견건곤최상문장)

[독해]

숲속의 소나무 울림과 돌 위를 흐르는 샘물소리도 고요한 가운데 들어보면 천지자연의 소리임을 알게 되고, 풀숲의 안개의 빛과 물속의 구름 그림자를 한가로이 바라보면 하늘과 땅에서 최상의 문장을 보게 된다.

[강의]

거문고와 공후는 사람이 만든 악기라서 아무리 묘한 소리를 내도 사람이 내는 것이고, 숲속의 솔바람소리와 돌 위를 흐르는 샘물소리는 사람이 낼 수 없는 자연의 음악이라 한적하고 안정된 가운데 들어보면 천지자연의 소리임을 알게 되며, 붓과 먹으로 종이 위에 쓰고 그린 서화는 사람이 지어낸 것이라 아무리 좋게 한다고 해도 차이가 있지만 천연의 모습은 자연의 대문장을 이루게 되므로, 숲속의 안개의 빛과 물속의 구름 그림자는 실로 하늘과 땅에서 최상의 문장을 만든다. 사람은 거문고나 공후나 몇 안 되는 문장에 구애받지 말고 자연에서 음악을 듣고 천연의 모습으로 문장을 보면 저절로 고상한 인격을 이루게 된다.

182.

羈鎖於物慾, 覺吾生之可哀, 夷猶於性眞, 覺吾生之可樂,
(기쇄어물욕 각오생지가애 이유어성진 각오생지가락)

知其可哀, 卽塵情立破, 知其可樂, 卽聖境自臻.
(지기가애 즉진정립파 지기가락 즉성경자진)

[독해]

물욕에 얽매이면 내 인생이 애달프다는 것을 알고 본성을 따르면 내 인생이 즐겁다는 것을 알게 되니, 그 애달픔을 알면 속세의 감정이 없어지고 그 즐거움을 알면 성인의 경지에 저절로 다다른다.

[강의]

외부 사물을 탐내는 욕심 때문에 번뇌를 이기지 못하고 항상 괴로우면 내 삶의 애달픔을 깨달아서 깨닫게 되고, 이와 반대로 본성의 진리를 알아서 편안함을 스스로 알면 내 삶의 즐거운 맛을 깨닫게 된다. 물욕에 얽매임이 애달픈 일인 줄 알게 되면 사물을 탐내는 속된 감정이 없어지고, 본성의 진리에 있는 편안함이 즐거움을 느끼는 길임을 알게 되면 본성을 깨닫는 성인의 경지가 저절로 다가오니, 성인과 범부의 구별은 다만 물욕과 본성의 차이에 있다.

183.

樹木至歸根而後, 知華萼枝葉之徒榮,
(수목지귀근이후 지화악지엽지도영)
人事至盖棺而後, 知子女玉帛之無益.
(인사지개관이후 지자녀옥백지무익)

[독해]

나무는 뿌리로 돌아간 후에 꽃과 가지와 잎이 헛된 영화였다는 것을
알게 되고, 사람은 관의 뚜껑을 덮은 후에 자녀와 옥과 비단이 이로울
것이 없었다는 것을 알게 된다.

[강의]

나무는 봄과 여름 사이에 꽃과 잎이 무성해져서 그 번영을 자랑하다가
하루아침에 가을의 서리를 맞으면 꽃과 잎이 시들어 떨어지고 무성하던
기운도 사라져 뿌리로 돌아가니, 그 무성하던 꽃과 가지와 잎사귀는 흔
적도 없어져 결실도 없는 환각의 세계로 되돌아간다는 것을 알게 된다.
사람은 살아 있을 때 자녀와 옥이나 비단 같은 재물에 애착과 욕심을 가
져서 여러 가지의 속박을 받지만, 갑자기 죽어서 관에 들어가 덮개를 덮
은 뒤에는 모든 인연이 끊겨서 욕심내고 사랑하던 자녀와 재물이 모두
이로울 것이 없게 된다.

萬籟寂廖中, 忽聞一鳥弄聲, 便喚起許多幽趣,
(만뢰적요중 홀문일조농성 변환기허다유취)
萬卉摧剝後, 忽見一枝擢秀, 便觸動無限生機,
(만훼최박후 홀견일지탁수 변촉동무한생기)
可見性天未常枯槁, 機神最宜觸發.
(견성천미상고고 기신최의촉발)

[독해]

만물의 소리가 적적하고 고요한 가운데 홀연히 새 한 마리가 우는 소리를 들으면 온갖 그윽한 정취가 일어나고, 모든 초목이 시든 뒤에 홀연히 빼어난 하나의 나뭇가지를 보면 무한한 삶의 기운이 일어나니, 천성은 항상 메마르지 않고 신묘한 마음은 촉발하는 것이 마땅하다.

[강의]

공허한 산속에 자연의 모든 소리가 고요하여 우주 만물이 침묵하는지 태어나지 않았는지 모를 만큼 극도로 적막한 가운데 홀연히 새 한 마리가 지저귀는 소리를 들으면 마음이 깨어나서 온갖 그윽한 정취가 일어나고, 벌판에서 부는 가을바람에 모든 초목이 시들어 헐벗고 참담해진 뒤에 홀연히 소나무와 가을 국화 같은 빼어난 하나의 나뭇가지를 보면 시야가 새로워져서 무한한 삶의 기운이 일어나니, 이것은 오로지 메마르면 그윽한 정취가 없다는 것이므로, 천성은 항상 메마르지 않고 신묘한 마음은 당연히 촉발한다는 것이다.

185.

理寂, 則事寂, 遣事執理者, 似去影留形,
(이적 즉사적 견사집리자 사거영유형)

心空, 則境空, 去境存心者, 如聚羶却蚋.
(심공 즉경공 거경존심자 여취전각예)

[독해]

이치가 적요하면 사물도 적요하니 사물을 버리고 이치에 집착하는 것은 그림자 없는 형체를 남겨 두는 것이고, 마음이 비면 환경도 비어 있으니 환경을 버리고 마음을 남겨두는 것은 냄새나는 음식을 모아 놓고 모기를 쫓으려는 것과 같다.

[강의]

이치는 사물이 발생하는 토대이므로 이치가 고요하면 사물이 저절로 고요하고, 만일 피상적인 사실을 버리고 이상에 집착하면 형체를 남겨두고 그림자를 없애는 것과 같아서 마침내 얻지 못하며, 환경은 마음이 만드는 것이라서 마음이 공허하면 환경도 저절로 공허하니, 만약 외부 환경만 버리고 속마음을 남겨두면 비린내 나는 음식을 모아 놓고 파리와 모기를 쫓는 것과 같아서 그 효과가 없다. 송나라의 정명도가 아우 이천과 함께 연회에 참석해서 술을 마시며 즐겼는데, 형 명도가 기생과 희롱하는 것을 보고 이천이 못마땅해서 집으로 돌아갔는데, 이튿날 형을 서재에서 보고 전날 연회석에서 기녀를 희롱한 것은 옳지 않았다고 하니, 명도는 '어제 연회에서 내 마음속에는 기녀가 없었는데 오늘 서재에 있는 너의 마음속에 기녀가 있구나.' 하고 말했다. 이것은 명도는 마음이 비어 환경도 비어 있었고, 이천은 환경을 버리고 마음은 남겨둔 차이이다.

186.

> 遇病而後, 思强之爲寶, 處亂而後, 思平之爲福, 非蚤智也,
> (우병이후 사강지위보 치란이후 사평지위복 비조지야)
>
> 倖福而先知其爲禍之本, 貪生而先知其爲死之因, 其卓見乎.
> (행복이선지기위화지본 탐생이선지기위사지인 기탁견호)

[독해]

병든 뒤에야 건강이 보물이라는 것을 생각하고, 난세가 된 뒤에야 평화가 복이라는 것을 생각하면 앞을 보는 지혜가 아니니, 복을 바라면서 그것이 재앙의 근본임을 알고, 삶을 탐내는 것이 죽음의 원인이 된다는 것을 미리 아는 것이 뛰어난 식견이다.

[강의]

사람이 건강할 때는 위생에 주의하지 않고 질병에 걸려 고통을 느끼게 되면 비로소 건강하고 무병한 것이 소중하다는 것을 알게 되고, 평화로운 날에는 위기와 재난을 염려하지 않다가 난세에 처해서 곤란을 겪어야 비로소 평화롭고 무사함이 복인가를 알게 되면, 이러한 것은 모두 앞을 보는 지혜가 아니다. 만약에 재앙과 복이 서로 상전하여 생사가 잇달며 화가 복의 뒤를 따라오고, 삶이 있으면 반드시 죽음이 있음을 깨달아 행복을 바라며 구할 때 그 복이 화의 원인이 된다는 것을 알고, 생명을 탐낼 때 그 생명이 죽음의 원인이 된다는 것을 알면, 이것이 뛰어난 남다른 식견이다.

187.

心曠, 則萬鐘如瓦缶, 金隘, 則一髮似車輪.
(심광 즉만종여와부 심애 즉일발사거륜)

[독해]

마음이 넓으면 만종의 녹봉도 질그릇처럼 하찮고, 마음이 좁으면 한 가닥의 털도 수레바퀴처럼 크다.

[강의]

마음이 넓어 이익과 녹봉을 구하지 않으면 만종의 녹봉도 질그릇처럼 하찮게 생각되고, 마음이 좁아서 적은 이익에 매달리면 한 가닥의 머리털 같은 극히 작은 물건도 수레바퀴처럼 크게 보여 탐내는 생각을 낳게 되니, 한 세상의 이해와 영욕은 한 번 생각하는데 있을 뿐이다.

188.

人生太閒, 則別念竊生, 太忙, 則眞性不現,
(인생태한 즉별념절생 태망 즉진성불현)

故士君子不可不抱身心之憂, 亦不可不耽風月之趣.
(고사군자불가불포신심지우 역불가불탐풍월지취)

사람은 너무 한가하면 다른 생각이 슬며시 일어나고 너무 바쁘면 참다운 본성이 나타나지 않으므로, 사군자는 몸과 마음을 염려하지 않을 수 없고, 또한 풍월의 멋을 즐기지 않을 수 없다.

[강의]

사람이 너무 안일하고 한가해서 일이 없으면 여러 가지 쓸데없는 생각 곧 망상이 몰래 생겨나서 음란과 방탕에 빠지기 쉽고, 너무 바빠서 조금도 여유가 없으면 심신이 피로하여 참다운 본성이 나타나지 않으니, 너무 한가하고 바쁜 것은 다 폐단이 있다. 따라서 사군자는 항상 몸과 마음을 염려하여 한가하고 바쁜 것을 적당하게 하고, 또한 가끔은 담백한 청풍명월의 고상한 멋을 즐기며 잡념을 버리고 본성을 길러야 한다.

189.

世人爲榮利纏縛, 動日塵世苦海, 不知雲白山靑, 川行石立,
(세인위영리전박 동왈진세고해 부지운백산청 천행석립)

花迎鳥笑, 谷答樵謳, 世亦不塵, 海亦不苦, 彼自塵苦其心爾.
(화영조소 곡답초구 세역부진 해역불고 피자진고기심이)

[독해]

세상 사람들은 영예와 이욕에 얽매여 있으면서 속된 세상이니 괴로움의 바다니 말하는데, 흰 구름과 푸른 산과 흐르는 냇물과 우뚝 선 바위와 꽃이 지저귀는 새를 맞이하고 골짜기도 나무꾼의 노래에 대답하니, 세상은 티끌도 아니고 괴로움의 바다도 아닌 것을, 그들 스스로 그 마음으로 더럽게 하고 괴롭게 하는 것을 알지 못한다.

[강의]

세상 사람들은 부귀와 이욕에 얽매어 바쁘게 살다보면 극도로 피로해서 여유롭고 한가한 멋을 즐기지 못하므로, 이 세상을 속된 세상이니 괴로움의 바다니 하지만, 이것은 '모든 것은 다 마음이 만드는 것'이라는 진리를 깨닫지 못하기 때문이다. 흰 구름과 푸른 산과 유유히 흐르는 냇물과 우뚝한 바위, 온갖 꽃은 지저귀는 새를 맞이하고, 골짜기 울림은 나무꾼의 노래에 대답하여 형형색색의 천진난만한 즐거운 취미가 넘쳐나니, 세상이 일찍이 속된 세상이 아니고 일찍이 괴로움의 바다가 아닌데 세상 사람들은 이것을 모르고 그 마음을 스스로 속되고 괴롭게 하니 어찌 가련하다 하지 않겠는가.

190.

花看半開, 酒飮微醉, 此中大有佳趣,
(화간반개 주음미취 차중대유가취)
若至爛漫酕醄, 便成惡境点, 履盈滿者宜思之.
(약지란만모도 변성악경점 이영만자의사지)

[독해]

꽃은 반쯤 피었을 때 보고 술은 조금만 취하게 마시면, 그러는 가운데 크고 아름다운 멋이 있지만, 만약에 꽃이 활짝 피고 술이 잔뜩 취하면 추악한 경지가 되니. 넘치도록 가득 차 있는 사람은 잘 생각해야 한다.

[강의]

꽃은 반쯤 피었을 때 보고 술은 마시면 조금 취한 상태에서 그만 두면, 반쯤 핀 꽃은 아직 피지 않은 여향이 있고 조금 취한 상태로 마시는 술은 반쯤 취한 상태의 흥겨움이 있어서 그 가운데 여유롭고 아름다운 멋이 있으니, 만일 꽃이 활짝 피고 술에 취해 만취하게 되면 꽃은 곧 시들고 만취한 술은 광란으로 이어져 이내 추악한 풍경이 나오게 된다. 사업과 공명에 대해서도 넘치도록 가득 차 있는 사람은 세 번 생각하고 깊이 조심하여 손해를 자초하지 말아야 한다.

191.

非分之福, 無故之獲, 非造物之釣餌, 卽人世之機穽,
(비분지복 무고지획 비조물지조이 즉인세지기정)

此處着眼不高, 鮮不墮彼術中矣.
(차처착안불고 선불타피술중의)

[독해]

분수가 아닌 복과 이유 없이 얻어지는 것은 만물의 조화로 인한 미끼이거나 인간 세상의 함정이니, 높은 곳에서 내려다보지 못하면 그 술책에 거의 떨어지지 않을 수 없다.

[강의]

만물의 조화는 사람에게 화를 내릴 때 미끼로 물고기를 낚는 것처럼 먼저 그 사람에게 거짓된 복을 주어 교만과 나태에 빠뜨려서 나중에는 화를 내리고, 세상 사람들은 다른 사람을 함정에 빠뜨릴 때 함정을 파서 짐승을 잡는 것처럼 먼저 달콤한 이익으로 꾀어서 그 마음을 유혹하고 동요시킨 뒤에 결국에는 재앙으로 몰고 간다. 따라서 분에 넘치는 행복과 이유 없이 얻는 횡재가 갑자기 찾아오면, 그것은 만물의 조화 중에 사람을 화로 이끄는 미끼 곧 거짓된 복이 아니면, 반드시 인간 세상에서 자신을 함정에 빠뜨리는 함정 곧 이익의 유혹이니, 이런 지경에 처했을 때 눈을 높은 곳에 두고 피하지 않으면 그런 술수에 떨어져 고통을 받지 않는 사람이 거의 없을 것이다.

192.

波浪兼天, 舟中不知懼, 而舟外者寒心,
(파랑겸천 주중부지구 이주외자한심)

猖狂罵坐, 席上不知警, 而席外者咋舌,
(창왕매좌 석상부지경 이석외자색설)

故君子身雖在事中, 心要超事外也.
(고 군자 신수재사중 심요초사외야)

[독해]

파도가 하늘 높이 치솟으면 배 안에서는 두려움을 모르지만 배 밖에 있는 사람들은 마음이 서늘하고, 미치광이가 좌중을 욕하면 그 자리에 있는 사람들은 놀라지 않지만 자리 밖에 있는 사람들은 혀를 깨무니, 따라서 군자는 몸은 비록 일을 하더라도 마음은 일 밖으로 벗어나야 한다.

[강의]

바다에 풍랑이 심해서 하늘에 닿을 것 같으면 그 풍랑을 헤치고 나가는 배 안의 사람들은 별로 두려움을 모르지만, 배 밖에 있는 사람 곧 해안에 있는 사람들이 보면 그 배가 금방이라도 침몰할 것 같아 간장이 서늘해지고, 여러 사람이 모인 자리에서 미친 사람이 좌중을 욕하고 시끄럽게 하면 그 자리에 참석해 있는 사람들은 그렇게 대단히 시끄러움과 놀라움을 느끼지 못하지만 자리 밖에 있는 방관자들은 갑자기 놀라서 혀를 깨물게 된다. 이것은 직접 일을 당한 사람이 그렇지 않은 사람의 객관적인 판단에 미치지 못하기 때문이다. 그러므로 군자는 몸은 비록 일을 하더라도 마음은 일 밖으로 벗어나야 당한 일로 인해 판단력이 흐려지는 것을 막을 수 있다.

193.

天運之寒暑易避, 人生之炎凉難除,
(천운지한서이피 인생지염량난제)

人生之炎凉易除, 吾心之氷炭難去,
(인생지염량이제 오심지빙탄난거)

去得此中之氷炭, 則萬腔皆和氣, 自隨地有春風矣.
(거득차중지빙탄 즉만강개화기 자수지유춘풍의)

[독해]

하늘이 운행하는 추위와 더위는 피하기 쉬워도 인간 세상의 뜨거움과 서늘함은 없애기 어렵고, 인간 세상의 뜨거움과 서늘함은 없애기 쉬워도 내 마음의 얼음과 숯은 버리기 어려우니, 안에 있는 얼음과 숯을 버린다면 곧 온몸에 온기가 가득하여 대지를 따라 저절로 봄바람이 불어올 것이다.

[강의]

하늘의 운행에 따라 생기는 겨울추위와 여름더위는 인위적으로 피하기 쉬우나, 인간 세상의 세태를 따라 달면 삼키고 쓰면 뱉어버리는 추세의 열기와 한기는 인정이 변하는 것이라 없애기 어렵고, 세상의 열기와 한기는 다른 사람들의 인정과 태도에 있는 것이라서 내 마음에 집착이 없으면 오히려 없애기 쉽지만, 내 마음에서 생기는 얼음과 숯은 제거하기가 더욱 어렵다. 내 마음의 얼음과 숯이라는 것은 내 마음의 본체가 미혹되어서 청정함을 보존하지 못하고 여러 가지 망상이 마음속에서 서로 충돌하여 마치 얼음과 숯이 서로 용납하지 못한다는 것을 말한다. 만일 이런 마음속의 얼음과 숯을 제거하여 마음의 본체를 지키게 되면, 가슴속이 다 온화한 기운으로 충만하고 어디에 가든 그 대지를 따라 부드러운 봄바람이 불어올 것이다. 세상만물에 대한 사람의 태도는 객관적이 아니라 주관적이며 의지한다는 것보다는 자치적이며, 예속된다는 것보다는 자유적이며, 사물을 생각한다는 것보다는 마음을 생각하는 것이다.